Bob Devine · Wunder in der Natur

Bob Devine

Wunder in der Natur

Mit Bildern von Carolyn Bowser

BUNDES-VERLAG WITTEN

Titel der englischen Originalausgabe:
God in Creation series
© 1977/1978 by The Moody Bible Institute of Chicago
Deutsch von Hans Immel

Erste Auflage 1981

© 1981 Bundes-Verlag eG, Witten
Druck: Bundes-Verlag, Witten

ISBN 3-8137-0302-9

Inhalt

Vorwort

Viele von euch verfügen über technische Kenntnisse und wissen etwas von den erstaunlichen Möglichkeiten, welche die Wissenschaft in unserem Jahrhundert ermöglicht hat. Ist euch aber auch bekannt, daß die Natur in ihrem täglichen Lebensablauf der Wissenschaft und Technik in nichts nachsteht? Ja, in vielen Fällen ist es dem menschlichen Forschen und Erfinden bisher nicht gelungen, die wunderbaren Einrichtungen der Natur nachzuahmen.

Dieses Buch berichtet von den Wundern in der Natur. Ihr erfahrt beispielsweise, wie unsere Haut arbeitet und wie unser Gehirn — besser als jeder Computer — unseren Körper steuert. Bob Devine schildert den Elektroantrieb des Herzens und erzählt anschaulich vom Kreislauf des Regens, von Land- und Wassertieren und von Vögeln.

Dabei werdet ihr immer wieder erkennen, wie unwahrscheinlich es ist, daß diese wunderbaren Einrichtungen der Natur nur rein zufällig entstanden sein sollen. Dahinter steht vielmehr die Allmacht und Weisheit Gottes, der uns, die Welt und alle Lebewesen geschaffen hat. In seiner Liebe sorgt er für das alles und kümmert sich jeden Tag um uns. Es lohnt sich, über diese Wunder in der Natur nachzudenken.

Bundes-Verlag, Witten
Im Frühjahr 1981

1.
Wegweiser des Himmels

Viele neue Erfindungen und Entdeckungen erleichtern uns heute das Leben. Noch vor hundert Jahren war das Leben für die Menschen in vielen Dingen mühseliger und beschwerlicher. Ist deshalb nicht alles, was die Bibel über die Natur und das Geschehen in der Welt schreibt, überholt und veraltet? Das ist eine Frage, die heute viele aufrichtig denkende Menschen bewegt. Wir wollen einmal versuchen, eine Antwort auf diese Frage zu finden, indem wir die Berichte und Erzählungen der Bibel mit den Erkenntnissen der Forscher und Wissenschaftler von heute vergleichen.

Es ist fast 3500 Jahre her, seit Mose über die Entstehung von Sonne, Mond und Sternen einen Bericht geschrieben hat. Gott selbst hatte ihm das rechte Verstehen für die Ereignisse bei der Erschaffung der Welt gegeben. In 1. Mose 1, 14 lesen wir: *„Und Gott sprach: Es werden Lichter an der Feste des Himmels, die da scheinen Tag und Nacht und geben Zeichen, Zeiten, Tage und Jahre und seien Lichter an der Feste des Himmels, daß sie scheinen auf die Erde."*

Wir wollen über diese Sätze einmal genauer nachdenken und überlegen, ob das, was Mose wußte, den Erkenntnissen unserer Forscher widerspricht.

Mose spricht zuerst von den *„Lichtern an der Feste des Himmels, die Tag und Nacht scheiden"*. Natürlich meint er damit Sonne und Mond. Vers 16 erzählt aber von zwei großen Lichtern; ein großes Licht, das den Tag regiert, und ein kleines Licht, das die Nacht regiert. Widersprechen diese beiden Beschreibungen nicht doch dem, was wir heute über Sonne und Mond wissen? Der Mond selbst scheint doch nicht! An keiner Stelle wird in der Bibel behauptet, daß der Mond selbst leuchtet. Wir wissen, daß der Mond vom Licht der Sonne angestrahlt wird und ihr Licht zurückwirft. Das erklärt auch, weshalb Mose den Mond als das *„kleinere Licht"* bezeichnet.

Die „Lichter" wurden also an den Himmel gesetzt, um den Menschen als „Zeichen" zu dienen. Diese Erklärung hat verschiedene Bedeutungen. Besonders wichtig ist der Polarstern für die Menschen. Bei klarem Himmel ist er immer gut sichtbar. Wir wissen, daß er den Flugzeugpiloten, den Schiffskapitänen, den Jägern und Abenteurern als Kompaß dient. Er ist ein *Zeichen* für die Verirrten, denn der Polarstern steht genau über dem natürlichen Nordpol der Erde.

Er ist leicht zu finden. Du brauchst dir nur eine Linie zwischen den beiden hintersten Sternen aus dem Sternbild des „Großen Bären" zu denken und diese um die fünffache Entfernung zu verlängern. Die Achse zeigt genau auf den Polarstern. Auch über diese Sache sagt uns die Bibel nichts anderes als die Naturwissenschaft, wenn sie erklärt, daß die „Lichter am Himmel *Zeichen* für die Menschen sind".

Eine Erklärung in Vers 14 fällt uns besonders auf: *„Die Lichter an der Feste des Himmels . . . geben Zeiten . . . "* An vielen Stellen spricht das Alte Testament vom Mond, der den Beginn der jüdischen Religionsfeste und Zeiten anzeigt.

Daneben kennt das Alte Testament noch eine weitere Bedeutung des Monds. In 1. Mose 8, 22 steht: *„Solange die Erde steht, soll nicht aufhören Saat und Ernte, Frost und Hitze, Sommer und Winter, Tag und Nacht."*

Hier ist die Rede von den vier Jahreszeiten. Die Naturwissenschaft bestätigt, daß die Jahreszeiten von den Gestirnen bestimmt werden. Die fünf Sterne im Sternbild des *„Orion"* sind nur während der Wintermonate Dezember bis Februar sichtbar. Das gilt genauso für das Sternbild *„Canis maior"* oder *„Großer Hund"*.

Stell dir vor, du hättest keinen Kalender und wüßtest auch nicht, ob es kalt oder warm draußen ist. Wenn du trotzdem den Himmel beobachten könntest, dann würdest du durch diese beiden Sternbilder wissen, daß jetzt Winter ist. Die Menschen auf der nördlichen Erdhalbkugel können diese beiden Sternbilder nur in den Wintermonaten beobachten, weil die Erde die Sonne umkreist und diese Sternbilder nur am winterlichen Nachthimmel sichtbar sind.

Während die Erde die Sonne umkreist, wechseln die Jahreszeiten und mit ihnen auch die Sternbilder. Orion und der Große Hund verschwinden vom Nachthimmel, und die Sternbilder des Frühlings tauchen auf. In den Monaten März bis April leuchtet in jeder klaren Nacht am nördlichen Sternhimmel das wunderschöne Sternbild *„Leo"*, eine Gruppe aus 17 Sternen. Die acht Sterne des Sternbildes *„Becher"* bilden die Form eines Trinkglases. Diese Sternbilder sind willkommene Zeichen dafür, daß der Frühling kommt.

Auf der jährlichen Umkreisung der Sonne begegnen wir

im Sommer neuen Sterngruppen, und die alten Sternbilder entschwinden unserem Blick. Einen herrlichen Anblick bietet das Sternbild „*Skorpion*", ebenfalls eine Gruppe von 17 Sternen in der Form eines Skorpions, samt Schwanz und anderen Merkmalen. Auch der „*Schütze*" erscheint in den Sommermonaten Juli bis August. Seine 13 Sterne ähneln der Gestalt eines Pferdes.

Die Erde umkreist weiter die Sonne, und bald verschwinden auch diese Sternbilder wieder aus unserem Blickfeld, und andere neue Zusammenstellungen werden in den Herbstmonaten September bis November sichtbar. Die berühmten acht Sterne des „*Wassermanns*" wie auch die vier Lichter des „*Steinbocks*" funkeln in der kühlen Herbstnacht. Dies sind die bekanntesten Sterngruppen des herbstlichen Sternhimmels.

Es dauert nun nicht mehr lange, und bald werden wir wieder die alten bekannten Bilder vom *Orion* und *Großen Hund* am Himmel finden, denn die Erde hat ihre Reise um die Sonne wieder einmal vollendet.

Auch hier widerspricht die Bibel nicht den Beobachtungen der Astronomen. Mose hat also recht, wenn er sagt, daß „*Gott die Lichter an der Feste des Himmels*" machte, um die Zeiten anzugeben.

Schließlich verändert auch der Mond jeden Tag seine Phasen und zeigt damit an, daß Gott die „*Lichter an der Feste des Himmels*" setzte, um die Tage zu unterscheiden.

Wir wissen, daß die Erde die Sonne einmal in 365 Tagen umkreist; deshalb bestimmte Gott die „*Lichter an der Feste*

des Himmels" auch zum Einteilen der Jahre. Die Entdeckungen der Naturwissenschaftler widersprechen dem nicht, was klar und deutlich in 1. Mose 1, 14 steht. Es ist sogar spannend zu entdecken, daß die Bibel in 3 500 Jahren immer zuverlässig vom Geschehen in der Natur berichtet hat. Wenn das stimmt, was bedeutet das für die übrigen Aussagen und Berichte der Bibel?

In 2. Timotheus 3, 16 ist zu lesen: *„Jedes Schriftwort, von Gott eingegeben, dient aber auch zur Lehre, zum Überführen der Schuldigen, zur Besserung und zur Erziehung in der Gerechtigkeit."*

14

2.
Woher kommt der Wind?

Du kannst ihn hören und spüren, aber sehen kannst du ihn nicht. Wer ist gemeint? Es ist der Wind. Jesus sagte: *„Der Wind weht, wo er will, und du hörst sein Sausen wohl; aber du weißt nicht, woher er kommt und wohin er geht"* (Johannes 3, 8).

Wir freuen uns über eine leichte Brise, denn sie erfrischt und ist wohltuend. Ohne Wind gäbe es auch keinen Regen. Nur in unmittelbarer Nähe der Flüsse, Meere und Seen würde es regnen. Der Wind weht die Regenwolken landeinwärts, wo sie ihre nassen Lasten über durstigen Äckern und Gärten ausgießen. Der Wind trocknet Überschwemmungen, reinigt die Luft von umherschwebenden Schmutzteilchen, bläst Blütenstaub von Blüte zu Blüte (damit wir eine bessere Ernte bekommen), und er erzeugt sogar elektrischen Strom, indem er Windmühlen antreibt, die mit einem Generator verbunden sind.

Der Wind kann aber auch große Schäden anrichten. Mit einer Geschwindigkeit von über 160 Kilometern in der Stunde wühlt er im Meer haushohe Wellen auf, die sogar einen Supertanker mitten entzweibrechen können. Aus einer harmlosen Brise kann schnell ein gefährlicher Wirbelsturm, ein Hurrikan, Tornado oder ein Zyklon werden.

Was ist Wind? Woher kommt er? Wie entsteht er? Ein flackerndes und knisterndes Lagerfeuer kann uns als Beispiel dienen und helfen, diese Fragen zu beantworten. Während das Feuer lodert, stieben Funken in die Luft. Warum? Die Luft über den Flammen zittert und formt ein wellenförmiges Muster. Was ist die Erklärung dafür?

Nun, ein Gesetz der Natur sagt, daß warme Luft sich ausdehnt und aufsteigt; kühle Luft zieht sich zusammen, wird schwerer und beginnt zu sinken. Die Luft, vom Lagerfeuer erwärmt, steigt nach oben. Gleichzeitig wird kühlere Luft angesaugt, die die aufgestiegene Warmluft ersetzt. Diesen Vorgang nennen wir „*Wärmeströmung*" oder mit einem Fremdwort „*Konvektion*". Die erhitzte kühle Luft steigt also auf und wird unverzüglich durch frisch angesaugte Luft ersetzt. Dieser Vorgang wiederholt sich so lange, wie eine Wärmequelle vorhanden ist. Die Warmluft über dem Lagerfeuer steigt in die Höhe und strömt nach einer Weile durch Abkühlung wieder zur Erde zurück.

Brennt das Feuer dann noch, so wird mit der Zeit ein Teil der abgekühlten Luft erneut angesaugt, wieder erwärmt und beginnt zum zweiten Mal aufzusteigen. Wir können also einen abgeschlossenen Kreislauf sich bewegender Luft beobachten. Diesen Kreislauf nennt man auch Luftzirkulation (Zirkel = Kreis) und bezeichnet damit nichts anderes als einen Wind oder eine leichte Brise.

Ohne Wärmequelle gibt es keinen Wind. Wenn wir spüren, wie der Wind uns umweht, dann merken wir, daß die Wärme, die den Wind entstehen läßt, von der Sonne kommt. Der warme Sonnenschein erhitzt die Luft über der Erde. Die erwärmte Luft dehnt sich aus, wird leichter und beginnt aufzusteigen. Aus schattigen Gegenden strömt kühlere Luft heran und nimmt den Platz der aufgestiegenen Warmluft ein. Augenblicke später wird auch sie erwärmt und tritt selbst ihren Weg in die Höhe an. Es entsteht niemals ein Leerraum durch die aufgestiegene Luft, weil sie nach dem Strömungsgesetz immer sofort durch kühlere Luft ersetzt wird. Dieses Gesetz können wir beobachten, und es ist zuverlässig.

Am Äquator steigt Warmluft in einer riesigen Säule bis zu 18 Kilometern hoch. Jeder, der in einem Flugzeug einmal nur in der halben Höhe geflogen ist, kann sich vorstellen, wie kalt es dort droben sein muß. Manchmal herrschen dort Temperaturen bis minus 51 Grad.

Natürlich wird die Warmluft hier abgekühlt, zieht sich zusammen, wird schwerer und beginnt zu fallen. Wetterforscher sprechen davon, daß sie in nördlicher Richtung zu fallen beginnt. Nachdem sie bis auf eine Höhe von rund 16 Kilometern gefallen ist, dreht sich die Strömungsrichtung gegen Süden. Die auf die Erdoberfläche zurückgekehrte Luft wird von der Sonne wieder aufgeheizt und steigt abermals in die Höhe.

Diesen Ablauf bezeichnen wir als eine Luftströmung. Der Wind oder eine leichte Brise entstehen also durch die auf die Erde zurückgeströmte kühle Luft, die von der Sonne wieder erwärmt wird und einen weiteren Aufstieg antritt.

Das Wetteramt der Vereinigten Staaten von Amerika entdeckte im Jahr 1875 diesen Vorgang der Luftströmungen. König Salomo aber kannte das Geheimnis des Windes schon viel früher, genau gesagt vor 3 000 Jahren. Im Buch Prediger 1, 6 steht zu lesen: *„Der Wind geht nach Süden und dreht sich nach Norden und wieder herum an den Ort, wo er anfing.“*

Vor kurzem las ich diese Stelle einem Wetterforscher vor. Seine Antwort war: „Erstaunlich! Ich wußte gar nicht, daß jemand schon vor so vielen Jahren etwas von der Wetterkunde verstand.“

Ich erklärte ihm, daß Salomo sich sein Wissen nicht einfach zurechtgedichtet hat. Er hatte auch sein Wissen über das Naturgeschehen von Gott. Immerhin ist es wichtig zu wissen, daß schon Salomo genaue wissenschaftliche Beobachtungen machte.

Wenn die Bibel schon vor 3 000 Jahren zuverlässig das Naturgeschehen des Windes und der Luftströmungen beschrieben hat, viel früher, als unsere Wetterkundler ihre Entdeckungen machten, willst du dann nicht glauben, daß sie auch in anderen Fragen verläßlich Auskunft gibt? Ein wissenschaftlicher Sinn forscht gerne!

3.
Der Kreislauf des Regens

Eine Regenwolke setzt sich aus drei wichtigen Bestandteilen zusammen: aus Wasser, Wärme und Wind. Ein Wetterforscher hat geschätzt, daß zu jeder beliebigen Zeit rund 18 Trillionen Liter Wasser in der Luft enthalten sind. Das ist vielleicht schwer zu beweisen, aber wir wissen, daß die Wolken eine Menge Wasser enthalten. Wir bekommen das besonders eindrücklich zu spüren, wenn uns dadurch ein Fußballspiel oder ein Ausflug vermasselt wird.

Wie kommt das Wasser an den Himmel, um dort zur Wolke zu werden? Was führt dazu, daß die Wolken ihre nassen Lasten über dem durstigen und ausgetrockneten Land abladen?

Wir wollen mit der ersten Frage beginnen. Wie entstehen Regenwolken? Der Wasserkessel, der bei dir zu Hause auf dem Herd pfeift, kann uns als wertvolle Anschauungshilfe dienen.

Ist euer Kessel schon einmal trockengekocht? Was ist mit dem Wasser geschehen? Wenn das Wasser im Kessel zu kochen beginnt, dann steigt Dampf aus der Tülle und steigt zur Zimmerdecke empor.

Weißt du, warum der Wasserdampf in die Luft steigt? Ein Naturgesetz sagt: Wasser und Luft steigen auf, wenn sie erwärmt werden. Diesen Vorgang nennen wir auch Verdampfung. Die Heizplatte des Herdes erwärmt Wasser und Luft im Kessel, und die erwärmte Luft muß irgendwie entweichen, denn warme Luft will ja immer aufsteigen. Sie sucht sich also den Ausschlupf durch die Tülle und reißt dabei kleine Wassertröpfchen mit sich.

Sofort wird der Raum, den die entwichene Warmluft freigelassen hat, von kälterer Frischluft eingenommen, die sich einen Weg in den Kessel sucht. Bald ist auch sie erwärmt, verbindet sich mit Wassertröpfchen und steigt zur Zimmerdecke empor. Wenn du genügend heißes Wasser kochst, wirst du bald eine kleine Wolke in der Küche haben. Bestimmt hast du schon einmal beobachtet, wie die Küchenfenster beschlugen, nachdem deine Mutter lange Zeit gekocht hatte. Das ist der Beweis.

Was geschieht nun weiter mit unserer kleinen Wolke? Während der Dampf aus dem Kessel entweicht und sich langsam abkühlt, entsteht allmählich eine Wolke, vorausgesetzt, daß die Zimmertemperatur der Temperatur des Wasserdampfes entspricht. Die feuchte Luft steigt auf. Während sie sich abkühlt, wird sie plötzlich als Wolke sichtbar. Falls du mehrere solcher kleinen Wolken in deiner Küche erzeugen und sie durch den Raum pusten könntest, würden sie sich zu einer großen Wolke verbinden, und plötzlich würde es in deiner Küche regnen.

Was ist hier geschehen? Wenn die kleinen Wolken sich zu einer großen Wolke zusammenschließen, dann werden zwangsläufig die in der neuen Wolke schwebenden Wassertröpfchen ebenfalls größer und schwerer. In dem Augenblick, in dem die Wassertropfen schwerer werden als die sie umge-

bende Luft, werden sie von der Luft nicht mehr gehalten und fallen als Regen zur Erde.

Wie kommt es zu dieser verläßlichen Ordnung in der Natur? Wer hat sie gegeben?

Nun, nachdem wir in der Küche Regen gemacht haben, laß uns untersuchen, wie eine Wolke in freier Natur entsteht. Wieder brauchen wir dieselben Bestandteile: Wärme, Wasser, Wind. Die Wärme kommt von der Sonne. Wetterwissenschaftler sagen uns, daß die meisten Regenwolken über den tropischen Meeren entstehen.

Die Bibel sagt dasselbe. Vor 2700 Jahren, lange bevor es ein Wetteramt gab, war schon in der Bibel zu lesen: *„Siehe, es steigt eine kleine Wolke auf aus dem Meer"* (1. Könige 18, 44).

Flüsse und Seen geben natürlich auch Feuchtigkeit ab und leisten damit für die Entstehung von Regenwolken einen wichtigen Beitrag. Wir haben es auch schon miterlebt, wie schnell die Morgensonne die glitzernden Tautropfen verschwinden läßt. Außerdem erwärmt die Sonne die Säfte in Pflanzen und Bäumen, so daß sie teilweise verdunsten.

Indem die Sonne auf die tropischen Meere brennt, erwärmt sie das Wasser, und ein feiner Dunst bildet sich. Diese feuchtwarme Luft steigt in die Höhe. Aber auch die Luft über dem Wasser erwärmt sich. Indem auch sie aufzusteigen beginnt, reißt sie die winzigen Wassertröpfchen mit sich. Riesige feuchte Luftmassen steigen so vom Wasser empor in die Luft, nur das Salz bleibt im Meer zurück.

Wenn du zu Hause Salzwasser abkochst, dann verdampft

das Wasser, und das Salz setzt sich im Topf ab. Die feuchte Luft steigt immer höher und höher empor. Während ihres Höhenfluges kühlt sie sich alle 54 Meter, die sie höher steigt, um ein Grad Celsius ab. Erst dann, wenn die Feuchtluft sich bis auf die Temperatur der sie umgebenden Luftschichten abgekühlt hat, wird ihr Höhenflug gebremst. Nun bildet sich eine Regenwolke, wobei sie Feuchtigkeit abgibt. In mehreren Kilometern Höhe wird die Wolke von warmen tropischen Winden Hunderte von Kilometern landeinwärts geblasen. Ohne Winde würden sich die Regenwolken nur über dem Meer abregnen, und das Festland müßte sich in eine dürre Wüstenlandschaft verwandeln.

Was mit unserer Wolke geschieht, ereignet sich täglich auch mit Tausenden von anderen Wolken über der ganzen Erde. Indem die Winde die Wolken landein tragen, stoßen sie mit vielen anderen Wolken aneinander, und dabei werden sie immer dicker und größer. Auch die kleinen Wassertröpfchen in den Wolken nehmen an Größe und Gewicht zu. Auf einmal sind sie schwerer als Luft geworden und fallen zur Erde.

Äcker, Gärten und Wiesen saugen den warmen Regen wie ein Schwamm auf. Aber manchmal fällt mehr Regen, als die Erde aufnehmen kann. Das Wasser fließt dann in kleinen Rinnsalen über die Erde ab und bildet kleine Bäche. Die Bäche tragen das Wasser in die Flüsse, die das Wasser in die Meere und Ozeane zurückbringen.

Wohin aber fließen die Meere? Meere und Ozeane werden niemals überfließen, sagen uns die Meereswissenschaftler. Die Sonne erwärmt das Wasser wieder, und die Feuchtigkeit und der Dunst steigen abermals in die Höhe, um zu einer Wolke zu werden. Ein bedeutsamer Kreislauf, nicht wahr?

Fast 3000 Jahre, bevor 1870 in Amerika das erste Wetteramt eröffnet wurde, begründete die Bibel in wissenschaftlicher Weise diesen Vorgang, und zwar bis in alle Einzelheiten. In Prediger 1, 7 ist zu lesen: *„Alle Wasser laufen ins Meer, doch wird das Meer nicht voller; an den Ort, dahin sie fließen, fließen sie immer wieder."*

Weil die Bibel uns auf zuverlässige Weise über die Entstehung von Wolken unterrichtet, können wir ihr auch in anderen Aussagen vertrauen. Glaubst du das?

4.
Gottes Feuerwerk

Als würden lange Finger über den dunklen Nachthimmel greifen, so sieht es aus, wenn Blitze am Himmel hin und her zucken. Ein wunderbares Schauspiel! Jeder Blitz ist eine Besonderheit für sich! Ein durchschnittlicher Blitz wird bis zu zwölf Kilometer lang. Es wurden aber auch schon Blitze beobachtet, die sich über mehr als 160 Kilometer erstreckten!

Was ist ein Blitz? Wie entsteht er? Warum durchzuckt sein Licht den Himmel und schlägt manchmal in die Erde ein? Wir wollen sehen, was wir über den Blitz erfahren können.

Vielleicht fällt dir wieder ein, wie du zu Hause einmal mit deinen Pantoffeln über den Teppichboden geschlurft bist und kurze Zeit danach jemand angefaßt hast. Was geschah dabei?

Nun, wenn die Luft im Zimmer trocken genug war, dann hast du einen kleinen Funken leuchten sehen. Vielleicht hast du sogar einen leichten elektrischen Schlag gespürt? Wie ist das zu erklären? Die Antwort ist einfach: Durch die Reibung deiner Pantoffel wurde statische Elektrizität erzeugt. Die so entstandene Spannung entlud sich durch die Berührung mit einer anderen Person.

Auch ein Blitz entsteht durch statische Aufladung. Nur wird dieser Riesenfunke nicht durch Reibung von Pantoffeln auf einem Teppich erzeugt. Die Übeltäter sind diesmal kleine Wassertröpfchen, die sich an der sich schnell bewegenden

Luft reiben und dadurch einen Blitz hervorbringen.

Die Sonne erwärmt die Luft, die nach oben steigt, weil sie leichter als die kalte Luft ist. Manchmal steigt die erwärmte Luft allerdings sehr schnell auf, immer höher und höher. In großer Höhe trifft die Warmluft auf dicke Regenwolken. Wenn die kleinen Wassertröpfchen der Wolke schwerer als die sie umgebende Luft sind, beginnen sie als Regentropfen zur Erde zu fallen.

Sie fallen dabei durch die aufsteigende warme Luft und reiben sich an ihr. Sofort laden sich die Wassertröpfchen mit elektrischer Energie auf. Doch plötzlich wird der Fall der Regentropfen unterbrochen. Der Widerstand der Luft hat sie in viele kleinere und leichtere Tröpfchen zerplatzen lassen. Jedes dieser vielen neuen Tröpfchen ist elektrisch geladen. Der Wind teilt die vorhandenen Regentropfen in zwei Wolken. Die kleineren Tropfen bilden die eine Wolke, die größeren die andere.

Du weißt bestimmt, worin die beiden Pole einer Taschenlampenbatterie sich unterscheiden. Die eine Stelle ist positiv, die andere negativ geladen. Wetterforscher haben herausgefunden, daß die Wolke, die aus den kleineren Tropfen entstand, negativ geladen ist. Die Wolke aus den größeren Regentropfen ist wie der Pluspol positiv geladen.

Was denkst du, was geschieht, wenn beide Wolken dicht zusammenkommen? Was ereignet sich, wenn du den Pluspol einer Batterie durch einen feinen Draht mit ihrem Minuspol verbindest? Zischschsch . . ., es sprühen Funken!

Wenn eine Wolke sich stark genug aufgeladen hat und mit der anderen zusammenstößt, dann springt ein Funke über. Wir Menschen sagen dann: „Es hat eben geblitzt!" Fünfzehn Millionen Volt elektrischer Spannung entladen sich zwischen den beiden Wolken in einem gewaltigen Blitz.

Forscher schätzen, daß eine Regenwolke aus beinah sechs Trillionen (eine 1 mit 18 Nullen) Wassertröpfchen besteht. Jedes von ihnen ist elektrisch geladen, und jedes erzeugt einen kleinen Funken, so wie er durch die Reibung deiner Pantoffel auf dem Teppich entstand. Es ist kein Wunder, daß aus dieser Riesenmenge Wassertropfen ein Riesenblitz entsteht.

Manchmal hängt eine Wolke sehr tief. In dem Fall schlägt der Blitz in die Erde. Wenn eine Wolke den Pluspol bildet, dann wird die Erde zum Minuspol, und wenn die Wolke auch noch groß genug ist, dann springt der Funke über. Umgekehrt kann die Wolke auch negativ geladen sein und die Erde den Pluspol darstellen. Wieder entsteht ein Blitz.

Mit jedem Blitz bildet sich Stickstoff. Der Regen spült den Stickstoff zur Erde, und er versickert im Boden. Bäume, Gärten und Felder werden somit kostenlos mit einem ausgezeichneten Dünger bedacht, und alle Pflanzen wachsen dadurch viel besser.

Fünfzehn Millionen Volt lassen einen Blitz entstehen. Dieser riesenhafte Funke erzeugt natürlich Wärme, sehr viel Wärme sogar, und deshalb donnert es. Wenn ein Blitz aufleuchtet, erwärmt sich jedesmal die Luft in der Umgebung. Erwärmte Luft aber dehnt sich aus, sagt ein Naturgesetz. Sie braucht mehr Platz als kältere Luft.

Die durch die Blitze aufgewärmte Luft will sich so schnell wie möglich ausbreiten. Dabei stößt sie aber mit großer Geschwindigkeit gegen eine Wand kühlerer Luftmassen. Bei diesem Zusammenprall entsteht ein lauter Knall, und wir sagen: „Es donnert!" Die beiden Luftmassen stoßen mit einer Geschwindigkeit aufeinander, als ob ein Rennwagen in voller Fahrt gegen eine Mauer knallt.

Den Donner hören wir Bruchteile einer Sekunde später, nachdem der Blitz aufgeleuchtet ist. Die warme Luft braucht zwar nicht lange, um sich auszudehnen und mit der Kaltluft zusammenzustoßen. Es ist wie mit einem Luftballon, den du immer weiter aufpustest. Schon bald hat die Luft in der Hülle nicht mehr genug Platz, und der Ballon zerplatzt.

Der Knall des Donners pflanzt sich im Vergleich zum Leuchten des Blitzes wesentlich langsamer fort. Der Schall legt in der Sekunde 332 Meter zurück, das Licht in derselben Zeit aber 300 000 Kilometer. Das Licht ist also viel, viel schneller.

In Hiob 28, 24—28 lesen wir: *„Gott sieht die Enden der Erde und schaut alles, was unter dem Himmel ist. Als er dem Wind sein Gewicht gegeben und dem Wasser sein Maß gesetzt, als er dem Regen ein Gesetz gegeben hat und dem Blitz und Donner den Weg: damals schon sah er sie und verkündigte sie, bereitete sie und ergründete sie und sprach zum Menschen: Siehe, die Furcht des Herrn, das ist Weisheit, und meiden das Böse, das ist Einsicht.“*

Versuch: Versuche beim nächsten Gewitter einmal, ob du herausbekommen kannst, wie weit die Blitze von dir entfernt sind. Zähle die Sekunden, die vergehen, bis du es donnern hörst. Denke daran, daß Schall sich mit einer Geschwindigkeit von rund 330 Metern in der Sekunde fortpflanzt. Viel Spaß dabei!

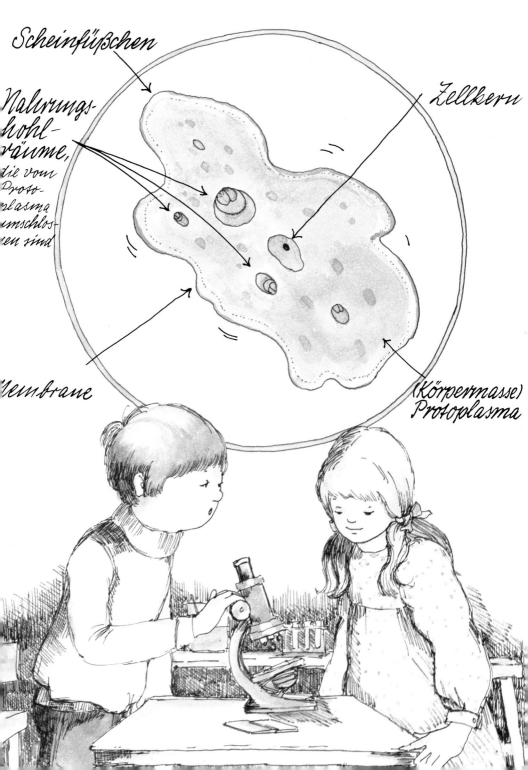

Scheinfüßchen

Nahrungs-
hohl-
räume,
die vom
Proto-
plasma
umschlos-
sen sind

Membrane

Zellkern

(Körpermasse)
Protoplasma

5.
Vermehren durch Teilen

Die alten Griechen besaßen ein besonderes Wort, um damit eine Veränderung zu bezeichnen. Das Wort heißt *amoibe*. Wir benennen heute mit diesem Wort ein winziges Tierchen, das seine Gestalt ständig verändert. Es ist die Amöbe, und wir nennen sie wegen ihrer Eigenschaften auch Wechseltierchen. Nur mit Hilfe eines Mikroskops können wir dieses Lebewesen beobachten, denn der Durchmesser seines Körpers beträgt nur wenige hundertstel Millimeter.

Wenn wir eine Amöbe lange genug beobachten, dann können wir dabei zuschauen, wie dieses winzige Klümpchen gallertartiger Masse seine Form verändert, wie es wächst und sich schließlich in zwei Hälften teilt.

Amöben leben im Wasser, in feuchter Erde und kommen auch im Körper mancher Tiere vor. Kleine Pflanzen, Bakterien oder andere Einzeller sind ihre Nahrung. Um sich fortzubewegen, muß die Amöbe, die weder Beine noch Füße besitzt, ständig ihre Gestalt ändern. Sie tut das, indem sie durch Ausstülpen ihrer Körpermasse (auch Protoplasma genannt) Scheinfüßchen bildet und sich mit deren Hilfe fortbewegt. Diese Scheinfüßchen sehen wie Wurzeln aus.

Wenn unser Stück lebendige Gallert Nahrung gefunden hat, dann umschließt die Amöbe mit ihrem weichen Leib ihr Opfer. Sie verspeist es, ohne dabei auch nur einmal den Mund zu öffnen, denn sie besitzt gar keinen Mund. Unsere einzellige Freundin erhält die Nährstoffe, die sie braucht, durch die Verdauung ihrer Opfer. Es genügt, daß die Amöbe diese mit ihrem Leib einhüllt. Durch den Verdauungsvorgang nimmt sie Nährstoffe und Vitamine in sich auf.

Man hält heute die Amöbe für die niedrigste bekannte Form von Leben. Viele Naturwissenschaftler nehmen an, daß sich im Laufe der Zeit alles tierische Leben aus diesem einzelligen Geschöpf entwickelt hat. Wenn das wahr wäre, woraus hätte sich dann die Amöbe entwickelt? Aber eine Frage: Hat nicht jede Ursache eine Wirkung? Hat nicht jede Wirkung eine oder verschiedene Ursachen?

Die Amöbe nimmt weiter Nahrung auf, ihr Körper wächst und beginnt, eine andere Form anzunehmen. Seine einzige Zelle beginnt nun, sich in der Mitte — im Kern — zu teilen. Nachdem die Zelle sich geteilt hat, spaltet sich auch der Rest der gallertartigen Masse, und wir haben zwei voneinander völlig unabhängige, einzellige Amöben. Auf diese Weise vermehren sich die Amöben. Die zwei jungen Amöben sind jede etwa halb so groß wie eine ausgewachsene. Dank reichlicher Nahrungsaufnahme dauert es aber nicht lange, bis sie groß genug geworden sind, um sich erneut zu teilen.

Die Lehre von der Entwicklung allen Lebens aus niederen Formen behauptet, daß die Amöbe das erste wirkliche Lebewesen war und sich — über einen Zeitraum von mehreren Millionen Jahren hinweg — allmählich zu höheren Formen tierischen Lebens entwickelt habe. Erst Milliarden Jahre danach habe diese Entwicklung zur Entstehung von menschlichem Leben geführt.

Wir wollen über diese Annahme einmal genauer nachdenken. Wenn sie stimmen würde, dann müßte die Amöbe also nacheinander aus immer mehr Zellen bestanden haben. Dies wiederum hätte zur Folge, daß die einzellige Amöbe sich teilen müßte, ohne daß dabei zwei neue einzellige Amöben entstehen dürften. Die Amöbe bestünde theoretisch jetzt aus zwei Zellen, und dieser Vorgang würde bei jeder weiteren Teilung wiederholt. Diesmal würde aus der zweizelligen Amöbe ein vierzelliges Lebewesen und nicht vier selbständige Einzeller. Verfechter der Entwicklungslehre sind also der Ansicht, daß die Amöbe ihre Zellen durch Teilung mehrmals vermehrt habe und dabei doch ein Organismus geblieben sei. Doch hat schon jemals jemand diesen Vorgang beobachtet? Wir wollen diese Frage noch näher erforschen und festhalten, was wir entdecken.

Wenn es stimmt, daß die Amöbe nacheinander ihre Zellen vermehrt hat und Jahrmillionen später in der Entwicklung menschlichen Lebens gipfelte, dann stellt sich die Frage: Warum ist die einzellige Amöbe bis heute nicht ausgestorben? Angeblich war sie doch die niederste Form von Leben überhaupt, nicht wahr? Das war vor mehreren Milliarden Jahren. Was ist davon zu halten?

Wir können einen Versuch durchführen, der uns weiterhelfen könnte. Wir benötigen dazu einen Tropfen Wasser aus einer Pfütze, den wir auf einem Stück Glas unter einem Mikroskop betrachten. Wir wollen genau beobachten, was geschieht. Der Beweis ist vor unseren Augen. Wir beobachten mehrere Amöben, aber alle sind Einzeller. Wenn wir lange

36

genug hinschauen, dann sehen wir, wie sie sich durch Zellteilung vermehren. Zwei neue Amöben wurden geboren, von denen jede aber nur aus einer Zelle besteht. Noch nie hat ein Forscher etwas anderes beobachtet. Es ist wichtig, daß die älteste primitivste Amöbenart noch in so großer Zahl verbreitet ist. Wo gibt es zwei-, vier-, acht- oder sechzehnzellige Amöben? Es gibt sie nicht; nur die einzellige „Uramöbe" ist bis heute erhalten.

Vertreter der Entwicklungslehre behaupten, daß andere Umweltbedingungen zur Entstehung einer zweizelligen Amöbe geführt haben. Damals habe es andere Nahrung gegeben oder die Amöbe sei besonderen Strahlungen ausgesetzt gewesen. Das wäre denkbar. Die natürliche Auswahl habe aber gesiegt, und nur die Mehrzeller unter den Amöben hätten überlebt. Würden diese Vermutungen zutreffen, warum gibt es dann heute nur einzellige Wechseltierchen? Kannst du diese Frage beantworten? Könnte es nicht auch so sein, daß der Schöpfer der Welt die Amöbe am Anfang geschaffen hat und will, daß sie sich vermehrt, so wie es in der Bibel steht: *„Ein jedes nach seiner Art"* (1. Mose 1, 21)?

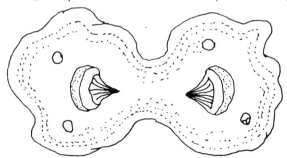

6.
Das Körperthermometer

Unsere Haut ist die äußere Hülle, die unseren Körper schützend umgibt. Aber sie ist mehr als nur äußere Verpackung. In sie eingebettet sind Blutgefäße, die mehrere Millionen Kilometer lang sind, sowie Millionen von Nerven und Drüsen, die unsere Haut mit Fett versorgen und geschmeidig erhalten.

Die äußere Körperhülle besteht aus drei Schichten. Die *Oberhaut*, die oberste Schicht, ist äußerst dünn, genau 1,56 Millimeter stark. Die Oberhaut schützt die *Lederhaut*, die zweite Schicht, vor Entzündungen und isoliert die Blutgefäße gegen Hitze und Kälte. Die dritte Schicht bildet das *Unterhautgewebe*, in das die Nerven, Drüsen und Adern eingebettet sind.

Wußtest du schon, daß dein Körper regelmäßig alle 27 Tage seine Außenhülle erneuert? Alle vier Wochen sterben die Zellen ab und werden entweder beim Waschen der Haut abgespült oder durch Kleidungsstücke losgescheuert.

Hat dich deine Haut schon einmal gejuckt? Vielleicht war es an einem warmen Sommertag? Du hast dich dann bestimmt gekratzt und anschließend etwas Haut unter deinen Fingernägeln gefunden. Diese Reste sind Teile der Oberhaut. In der Oberhaut befinden sich keine Blutgefäße, aber in ihr enden die Nerven, die unsere Haut zu einem wichtigen „*Gefühlsorgan*" machen.

Wenn die Luft kalt ist, dann melden die Nerven dies

weiter an unser Gehirn. Das Gehirn erfaßt dieses Signal, entziffert es blitzschnell und sendet einen entsprechenden Befehl über die Nerven an die Haut zurück. Die Folge ist, daß sich die Blutgefäße verengen, damit keine Wärme verlorengeht, und die Haut erblaßt. Gleichzeitig dehnen sich kleine Muskeln an den Wurzeln der Härchen und beginnen zu zittern. Jetzt fröstelt uns. Dabei bewegt sich unsere Haut rhythmisch hin und her und massiert dadurch die Blutgefäße. Die Reibung erwärmt das durchfließende Blut unter der Haut, und die Blutgefäße erweitern sich wieder; die Gänsehaut verschwindet. Nichts anderes machen wir, wenn wir unsere kalten Hände reiben, um dadurch den Blutkreislauf anzuregen.

Wie es wohl wäre, wenn wir jedesmal neu überlegen müßten, was zu tun sei, wenn wir frieren? Was würde geschehen, wenn unser Körper sich darauf nicht automatisch einstellen würde? Unsere Haut ist etwas Wunderbares! Was meinst du: Wie lange würde eine Gruppe der fähigsten Wissenschaftler brauchen, um eine der Haut vergleichbare Einrichtung zu erfinden? Unsere Haut, die für uns die Körpertemperatur regelt, ist ein Geschenk, das uns Gott, der Schöpfer, macht.

An einem heißen und stickigen Tag dagegen erweitern sich die Blutgefäße, um die Wärme abzuleiten. Die Poren in der Haut sind jetzt geöffnet, und der austretende und verdunstende Schweiß kühlt Haut und Blutgefäße. Die Körpertemperatur wird dadurch auf die richtige Gradzahl gesenkt.

Unser Körper könnte nicht leben, wenn die Temperatur

Schematischer Schnitt durch die Haut

Oberhaut

Lederhaut

Haarbalg

Haaranrichtemuskel

Keimschicht

Nervenreizkörperchen

Nervenfaser

Schweißdrüse

Blutgefäß

des Blutkreislaufs stärkeren Schwankungen ausgesetzt würde. Ohne die Poren in unserer Haut müßten wir im Winter frieren und wüßten im Sommer vor Hitze nicht, was wir tun sollten. Bestimmt hast du schon einmal an einem heißen Sommertag Fußball gespielt. Wenn du dich dabei sehr angestrengt hast, hat dich das 2,5 Liter Schweiß gekostet. Ein Berufsfußballspieler kann an einem heißen Tag und bei großem Einsatz beinahe 6,5 Liter Schweiß verlieren.

In jedem Quadratzentimeter der Oberhaut befinden sich rund 20 Poren, die dafür sorgen, daß die Haut atmet. Es ist deshalb wichtig, daß wir die Poren sauberhalten. Warmes Wasser, Seife und anschließendes Spülen mit klarem Wasser sowie Frottieren der Haut sind die wirksamsten Pflegemittel. Schmutz hingegen verstopft die Poren, und es können leicht Pickel oder ein Hautausschlag entstehen.

Erinnerst du dich noch daran, wie du dir einmal die Finger verbrannt hast? Dabei entstand eine dünne, fast durchsichtige Blase. Das war die Oberhaut. Ohne diesen Schutz durch die Oberhaut wäre ein Unterhautgewebe, die dritte Hautschicht, mit seinen vielen Nerven, Adern und Drüsen verletzt oder sogar zerstört worden. Die Oberhaut schützt das alles bei leichten Verletzungen. Sollte das Zufall sein? Hat uns nicht Gott mit diesem Schutz ausgerüstet?

Warum saugt sich deine Haut beim Baden oder Schwimmen nicht wie ein Schwamm voll mit Wasser? Dafür sorgen die Poren. Wenn die Haut von außen mit Wasser in Berührung kommt, dann erhalten die Poren vom Gehirn den Befehl, sich zu schließen. Dadurch kann kein

Wasser in die Haut eindringen; gleichzeitig schützt sich der Körper so vor Entzündungen mancherlei Art. Das wichtige Unterhautgewebe ist auf diese Weise besonders gesichert.

Vielleicht das Erstaunlichste an deiner Oberhaut ist die Tatsache, daß sie bei richtiger Pflege weich und geschmeidig bleibt. Warum wird sie nicht hart und rissig wie Leder? Jeder Quadratzentimeter Haut enthält etwa acht Talgdrüsen, die die Haut fetten und sie reichlich mit Nährstoffen und Vitamin D versehen. Die Haut sorgt so durch körpereigene Kosmetik für ihr Wohlbefinden und ihre Schönheit.

Ist das etwa selbstverständlich? Solltest du Gott nicht auch einmal für das Wunderwerk deiner Haut danken?

7.
Der Elektroantrieb des Herzens

Wußtest du, daß elektrischer Strom dein Herz antreibt? Vielleicht bist du von der Frage nicht überrascht, denn heute werden ja die meisten Pumpen von einem Elektromotor angetrieben. Wir brauchen dazu eine Stromspannung von mindestens 110 Volt, damit der Motor laufen und die Pumpe in Bewegung setzen kann.

Unser Herz geht im Vergleich zu einem normalen Elektromotor viel sparsamer mit der elektrischen Energie um. Schon 1 Volt Gleichstrom ist genug, und unser Herz beginnt seine Arbeit. Das bedeutet, daß eine gewöhnliche Taschenlampe eine stärkere Stromquelle braucht als unser Herz.

Aber keine Sorge, deine Batterien werden ihre Kraft niemals verlieren. Warum nicht? Nun, weil du gar keine besitzt! Der Stromlieferant unseres Herzens ist weitaus fortschrittlicher und zuverlässiger, als eine künstliche Batterie es sein kann.

Die Energiequelle unseres Herzens wird von Fachleuten auch als „Sinusknoten" bezeichnet. Dieser winzige Knoten im oberen Teil des Herzens ist fortschrittlicher als alle menschlichen Erfindungen auf dem Gebiet der Energieversorgung und gleichzeitig so alt wie die Menschheit.

Der Sinusknoten, unser kleines Kraftwerk, besitzt etwa die Größe einer Murmel. Herzspezialisten staunen immer

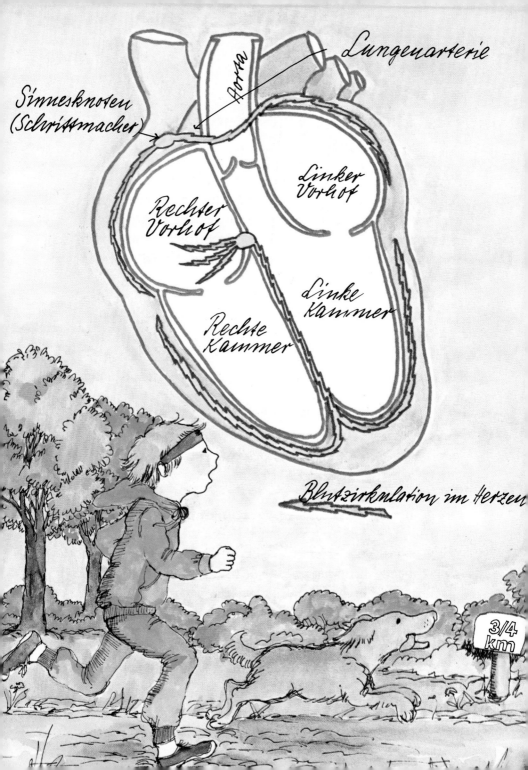

Lungenarterie

Aorta

Sinnesknoten
(Schrittmacher)

Linker
Vorhof

Rechter
Vorhof

Linke
Kammer

Rechte
Kammer

Blutzirkulation im Herzen

3/4 km

wieder über dieses winzige Wunderwerk, das ununterbrochen Tag und Nacht seine Pflicht tut, und das durchschnittlich 70 Jahre lang.

Mit jedem Pulsschlag pumpen deine beiden Herzkammern das Blut durch deinen Körper. Wer aber treibt diese Pumpen an, wer setzt sie in Bewegung? Es ist dieselbe Kraft, die auch die von Menschen gemachten Pumpen antreibt — der elektrische Strom. Die Stromspannung braucht nur 1 Volt zu betragen. Der Hauptunterschied zu einer Taschenlampenbatterie besteht darin, daß deine Batterie viel kleiner und gleichzeitig tausendmal ausdauernder ist.

Wie arbeiten die einzelnen Teile des Herzens zusammen? Die linke und die rechte Herzkammer vergleichen wir mit 2 Pumpen. Nervenbahnen führen wie elektrische Kabel zu den Pumpen hin. Der Sinusknoten ist der Generator, der den elektrischen Strom erzeugt. Wir haben also eine Stromquelle, die durch ein Netzwerk von Nerven (Kabel) mit einem Verbraucher — den beiden Herzkammern — verbunden ist.

Wenn nun der vom Sinusknoten erzeugte elektrische Strom die Herzkammern erreicht, dann bewirken die Stromstöße, daß die beiden Kammern sich abwechselnd ausdehnen und wieder zusammenziehen und dadurch das Blut in den Adern weiterpumpen.

Das geht aber nur, wenn der Sinusknoten den Stromfluß im gleichbleibenden Rhythmus unterbricht. Nur so können die beiden Herzkammern als Pumpe arbeiten. Der Sinusknoten wirkt also als Unterbrecher, der im regelmäßigen Takt die Stromversorgung an- und ausstellt.

Innen in diesem winzigen Kraftwerk befindet sich ein komplizierter elektronischer Schalter, der dafür sorgt, daß der Stromfluß in genau gleichbleibenden Abständen unterbrochen wird. Dabei kommt es immer wieder einmal vor, daß das Herz schneller zu schlagen beginnt. Diese Abweichung wird von unserem zentralen Nervensystem überwacht, wobei das Gehirn die Hauptaufsicht und zentrale Steuerung übernimmt.

Es ist klar, daß jeder Generator entweder durch eine Kraft oder durch einen Brennstoff angetrieben werden muß. Der Brennstoff für den Sinusknoten ist Sauerstoff. Wir wissen, daß der menschliche Körper ohne dieses wichtige Gas nicht leben könnte. Ohne Sauerstoff könnte der Sinusknoten keinen Strom erzeugen, und unser Kreislauf würde zusammenbrechen. Eine gefährliche Energiekrise in unserem Körper würde unweigerlich entstehen.

Unser Blut führt dem Sinusknoten ständig frischen Sauerstoff zu, und die Lungen sorgen dafür, daß das Blut immer neu mit Sauerstoff angereichert wird. Wir verstehen jetzt auch, weshalb es so wichtig ist, daß unsere Lungen sauber bleiben.

Der Sinusknoten versorgt die Herzkammern mit elektrischem Strom, damit sie rund 70mal in der Minute oder 100000mal am Tag das lebensspendende Blut durch über 150000 Kilometer Blutgefäße pumpen. Sie tun das Tag und Nacht, ohne zu versagen, und das durchschnittlich 70 Jahre.

Doch manchmal kommt es vor, daß ein Sinusknoten ermüdet und versagt. Herzspezialisten haben deshalb einen

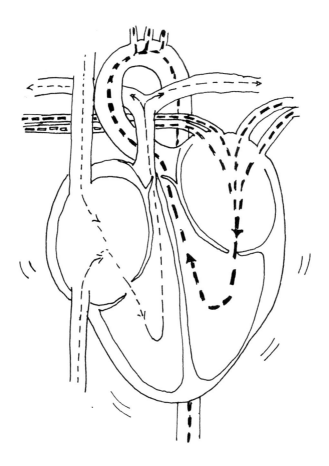

künstlichen Impulsgeber entwickelt, auch Herzschrittma-
cher genannt, der weitgehend die Aufgaben des verschlisse-
nen Sinusknoten übernimmt und den erkrankten Menschen
am Leben erhält.

Elektrische Kraftwerke werden von befähigten Wissenschaftlern und Technikern sorgfältig geplant und errichtet. Was bedeutet das hinsichtlich unseres natürlichen „Herzschrittmachers"? Ärzte sagen uns, daß seine Leistungsfähigkeit und Lebensdauer die der besten Generatoren übertrifft, die je von Menschen gebaut wurden. Trotzdem bleibt bestehen, daß auch die menschliche Technik Großartiges leistet.

Weil das so ist, sollten wir einmal darüber nachdenken, wer unseren Sinusknoten geplant und geschaffen hat. Ist das nicht eine noch gewaltigere Leistung? Wie töricht ist der Gedanke, wir müßten uns dafür bei Mutter Natur oder gar beim Zufall bedanken!

Zu behaupten, der Zufall habe uns mit dieser Energiequelle des Herzens ausgestattet, das würde bedeuten, daß auch die leistungsfähigsten Generatoren, die Menschen erdacht haben, Zufallsergebnisse wären, da sie dem Sinusknoten immer unterlegen bleiben. Eine Erfindung hat aber immer einen Erfinder. So ist der Sinusknoten ein Geschenk an den Menschen, das Gott geplant und geschaffen hat.

Großhirn

Bewegungszentrum

Sinnes-
eindrücke

Sprach-
und Denk-
zentrum

Gehör-
zentrum

Gedächtnis

Sehzentrum

Koordinations-
zentrum

Kleinhirn

Brücke

Verlängertes
Mark

Rückenmark

8.
Ein lebender Computer

Dein Gehirn wiegt ungefähr den vierzigsten Teil deines gesamten Körpergewichts. Der Körper eines Elefanten ist fast hundertmal so schwer wie sein Gehirn. Im Verhältnis ist das menschliche Gehirn das größte bei allen bekannten Lebewesen.

Mich beschäftigen am meisten die elektrischen Ströme, die unser Gehirn erzeugt. Ein Hirnforscher am weltberühmten Cleveland-Krankenhaus hat einmal gesagt: „Das Gehirn eines Menschen ist aus 13 Milliarden kleiner Generatoren zusammengesetzt, die elektrischen Strom erzeugen."

Dieses Wunder hat Gott geschaffen. Jede Zelle des Gehirns — es sind insgesamt 13 Milliarden — erzeugt einen schwachen Gleichstrom, dessen Spannung zwischen 10 und 15 Mikrovolt schwankt und der unsere Körpermuskeln in Bewegung versetzt. Ohne diese schwachen elektrischen Ströme könnte unser Körper nicht arbeiten und leben. Versuche einmal, deine Finger zu bewegen oder deine Zehen zu krümmen. Kneife die Augen zusammen und öffne den Mund. Jedes Glied unseres Körpers, das sich bewegt, ist auf diese elektrischen Ströme vom Gehirn angewiesen.

Wir wollen die Muskeln des menschlichen Körpers einmal mit einem Motor vergleichen. Ein Motor muß von elektrischem Strom (oder einer anderen Kraft) angetrieben werden, sonst läuft er nicht. Genauso wie der Motor durch

Kabel mit einer Stromquelle verbunden ist, so sind auch „Kabel" durch unseren Körper verlegt. Die Ärzte nennen diese Leitungen Nervenbahnen oder Nervenstränge. Die Nervenbahnen verbinden die Muskeln mit unserem Gehirn.

Jeder Generator muß selbst durch irgendeine Kraft angetrieben werden. Viele Generatoren verwenden Diesel oder Benzin als Brenn- oder Kraftstoff. Der Brennstoff für die 13 Milliarden Generatoren unseres Gehirns besteht aus einem Gemisch von Zucker und Sauerstoff.

Der Blutstrom sorgt dafür, daß das Gehirn immer reichlich mit diesem Kraftstoff versorgt wird. Eine Brennstoffverknappung im Blutstrom kann eine Anzahl schwerer körperlicher und geistiger Schäden — schlimmstenfalls den Tod — verursachen. Es hat einmal jemand gesagt, daß die Zahl der lebenswichtigen Aufgaben, die ein Gehirn erledigt, während du schläfst, sämtliche Telefonvermittlungen der Welt in Trab halten würde.

Die meisten Arbeiten erledigt dein Gehirn, ohne daß es dir bewußt ist, zum Beispiel die Atmungs-, Verdauungs- oder Herztätigkeit. Solange deine Augen im Schlaf geschlossen sind, fließt nur ein schwacher elektrischer Strom in die Muskeln deiner Augenlider. Dein Gehirn übernimmt automatisch die Versorgung, bis dich der Wecker aus dem Schlaf reißt. Wenn es Zeit ist zum Aufstehen, empfängt das Gehirn vom zentralen Nervensystem die Nachricht, daß dein Körper jetzt ausgeruht genug ist. Nun beginnt das Gehirn damit, dich sanft zu wecken, indem es elektrische Signale an die verschiedenen Teile deines Körpers sendet und den

Stromfluß zu anderen Gliedern unterbricht, zum Beispiel zu den Augenlidern. Wenn das geschieht, öffnen sich deine Augen, und ein neuer Tag liegt vor dir. Bei alledem bist du dir nicht bewußt, daß dein Gehirn die ganze Nacht hindurch für dich gearbeitet hat.

Uns allen sind die fünf Sinne des Körpers bekannt: Sehen, Hören, Fühlen, Riechen, Schmecken. Dein Gehirn hat für jeden dieser Sinne einen Speicher, der Erinnerungen festhält. Alles, was du hörst, siehst, riechst, berührst oder schmeckst, wird deinem Gehirn gemeldet und dort so gesammelt, daß es jederzeit abrufbereit bleibt. Das Gehirn ist somit durchaus mit einem modernen und hochkomplizierten elektronischen Computer vergleichbar. Wenn Wissenschaftler einen Computer bauen wollten, dessen Leistungen mit denen des menschlichen Gehirns vergleichbar sein sollen, dann müßte dieser Computer die Größe eines Wolkenkratzers besitzen. Ist es nicht erstaunlich, daß in solchen Gebäuden Tausende von menschlichen Gehirnen täglich ihre Arbeit tun!

Ein Telefongespräch mit einem Freund kann ein Beispiel dafür sein, wie dein Gedächtnis arbeitet. Sobald du seine Stimme im Hörer vernimmst, erkennst du sie wieder. Warum? Natürlich hast du irgendwann einmal seine Stimme zum ersten Mal gehört. Damals hat dein Gehirn sofort den Klang seiner Stimme gespeichert. Jetzt, wo er wieder mit dir spricht, vergleicht dein Gehirn die gespeicherte Erinnerung mit der Stimme, die aus dem Telefonhörer tönt.

Manchmal sind allerdings mehrere Begegnungen mit einem Menschen nötig, bis unser Gedächtnis sich seine Stimme eingeprägt hat. Viel hängt davon ab, wieviel Anteilnahme wir für das haben, was der andere uns sagt.

Ist es bei deinen Schulaufgaben nicht genauso? Wenn du mit Begeisterung bei der Sache bist, dann prägst du dir den Lernstoff leichter ein, als wenn dir das Thema oder die Aufgabe gar nicht liegt. Neugierde und Wißbegierde helfen beim Lernen. Es ist aber auch wahr, daß Wiederholung das Lernen erleichtert.

Was für das Hören zutrifft, gilt auch für die übrigen Sinne: für Sehen, Schmecken, Berühren und Riechen. Wenn du im Erdkundeunterricht die Karte eines Landes betrachtest, das ihr gerade behandelt, dann fällt dir wieder viel von dem ein, was du früher schon über dieses Land gehört hast. Wenn dir jemand erklärt, wie ein Vogelhäuschen gebaut wird, und er dir zusätzlich auch noch zeigt, wie's gemacht wird, dann wirst du dich daran erinnern, wenn du selber ein Vogelhaus bauen willst.

Gesehenes prägt sich uns meistens leichter und besser ein als Gehörtes. Diese Tatsache sollte uns zu denken geben. Laßt uns wählerisch sein mit dem, was wir unserem Gedächtnis eingeben! Füttern wir es mit „Schund", dann brauchen wir uns nicht zu wundern, wenn wir immer wieder durch bunte Farben, durch Klang oder Geruch an diese minderwertigen Dinge erinnert werden. Was wir unserem Gedächtnis anbieten, das bekommen wir von ihm wieder zurück, genauso wie von einem Computer.

Es ist sicher lobenswert, wenn wir uns vornehmen, Gutes zu denken und unseren Computer nur mit guten Dingen zu füttern: „Was wahrhaftig ist, was ehrbar, was gerecht, was rein, was liebenswert und erfreulich ist, alles, was als Tugend gilt oder Lob verdient — darauf seid bedacht." Dieser Satz steht in Philipper 4, 8.

9.
Holzfäller gesucht

Geschafft! Mit lautem Krachen fällt die riesige Espe zur Erde. „Es macht Spaß, an den Bäumen zu nagen", sagt Bibbi, der Biber. Die großen braunen Biber nagen liebend gern. Das hat drei Gründe: Einmal schmeckt ihnen die zarte Baumrinde gut. Zweitens brauchen sie das Holz als Baustoff, und drittens hält das Nagen an hartem Holz ihre großen Zähne kurz.

Der Biber mag die zarten Zweige und Baumrinden, weil sie viele wichtige Nährstoffe enthalten und dafür sorgen, daß er gesund bleibt. Wir sehen, daß Gott, der Schöpfer, auch für dieses Tier sorgt. Ohne seine scharfen, meißelartigen Zähne könnte der Biber sein Futter nicht kauen.

Bibbi fällt zwei große Espenbäume und schleppt sie zum Fluß hinab, um dort einen Damm zu bauen. Wissenschaftler sind sich heute darüber einig, daß die Biber ihre Fähigkeiten *nicht erlernt* haben, sondern einem angeborenen Instinkt folgen. Forscher haben junge Biber gefangen und sie in Käfigen und Gehegen großgezogen, bis sie alt genug waren, um wieder in die Freiheit entlassen zu werden. Nach ihrer Rückkehr in die Wildbahn wurden sie genau beobachtet. Die Forscher konnten zusehen, wie diese Biber Dämme errichteten, obwohl kein anderer Biber es ihnen beigebracht hatte.

Techniker, die selber Dämme planen und bauen, geben zu, daß die Biberdämme von keinem künstlich gebauten Damm

übertroffen werden. Und diese Techniker haben gelernt und wissen, wie man einen Damm baut! Geniale Erfinder haben es ihnen beigebracht. Beim Biber ist es anders. Er weiß schon von klein auf, wie man einen guten Damm baut. Ist nicht auch der Biber ein Zeugnis von Gottes Schöpferweisheit, durch die dem Biber sein Instinkt und seine Fähigkeiten gegeben wurden?

Die Biberfamilie baut sich aber nicht nur einen Damm im Fluß. Die Kolonie errichtet gleich mehrere Dämme hintereinander. Dadurch wird der Druck des Wassers auf vier oder mehr Dämme verteilt, und keiner ist zu stark belastet. So schützen die Biber ihre Burgen vor dem Hochwasser.

Bibbi nagt aber auch wegen der Zahnpflege. Seine ständig wachsenden, meißelscharfen Zähne müssen kurz gehalten werden. Wenn sie zu lang werden, können sie ihm eine Menge Unbehagen bereiten, ja sogar gefährlich werden. Seine unteren Zähne könnten in den Schädel eindringen und den Tod verursachen. Regelmäßiges Nagen an Holz hält seine Zähne aber immer in der richtigen Länge.

Bibbis Schwanz ist ungewöhnlich und hat drei Aufgaben: Der breite und flache Schwanz dient ihm als *Stütze*, wenn er, auf den Hinterbeinen stehend, an einem Baum nagt. Der waagerecht gestellte Schwanz bildet mit den Hinterbeinen einen Dreifuß, der zusätzlichen Halt verschafft.

Im Wasser dient der Schwanz als *Steuerruder*. Beim Tauchen senkt der Biber seinen Schwanz. Er kann bis zu 15 Minuten unter Wasser bleiben. Wenn er wieder auftauchen möchte, dann richtet der Biber seinen Schwanz auf.

Schließlich dient ihm der Schwanz als *Warnsignal.* Bei Gefahr schlägt Bibbi mit seinem Schwanz ins Wasser. Platsch — seine Freunde sind gewarnt! Dieses Warnsignal ist kilometerweit zu hören und hat schon vielen seiner Kameraden und Verwandten das Leben gerettet.

Bibbis Füße sind höchst ungewöhnlich. Die Hinterpfoten haben Schwimmhäute zwischen den Zehen. Mit diesen „Schwimmflossen" paddelt er durchs Wasser. Die beiden Krallen an den Hinterpfoten sind in der Mitte geteilt und dienen ihm als Kamm bei der Körperpflege.

Seine Vorderpfoten sind ganz anders gestaltet. Sie haben keine Schwimmhäute, sondern Krallen, die der Biber zum

Graben und Festhalten braucht. Manchmal, wenn der Biber gerade einen Damm oder eine Burg baut, hält er mit den Vorderpfoten große Steine, paddelt mit den Hinterbeinen durchs Wasser und steuert mit seinem Schwanz.

Auf dem Land kann er aufrecht gehen und benützt dazu seinen Schwanz als Stütze, während er mit den Vorderpfoten Steine oder etwas zum Fressen festhält.

Bibbi ist ordnungsliebend und hält aus Gesundheitsgründen viel auf Sauberkeit. Nachdem er sein Fell gekämmt hat, verreibt er mit den Vorderfüßen etwas Fett, das er aus einer Körperdrüse absondert. Er reibt sein Fell damit ein, um es wasserabweisend zu machen und sich vor Kälte zu schützen. Das Fell wird dadurch auch glatter, und der Biber kann leichter durchs Wasser gleiten.

Niemand hat den Biber gelehrt, daß er mit Fett aus seiner Körperdrüse sein Fell einfetten kann. Dieses lebenswichtige Wissen ist ihm angeboren. Alle diese bewundernswerten Fähigkeiten des Bibers bezeugen seinen Schöpfer: Gott, der allen Lebewesen ihr Dasein gibt.

10.
Der Wasserläufer

Heute wollen wir einmal einen Waldspaziergang unternehmen und an einem kleinen Bach Rast machen. Das Wasser unter der großen Buche ist ganz still. Siehst du die kleinen Tierchen, die dort auf dem Wasserspiegel hin und her flitzen? Es ist eine Art Wasserwanzen, die auch als Wasserläufer bekannt sind. Wenn die Sonne scheint und das Wasser klar ist, dann spiegeln sich ihre Schatten auf dem Kies des Grundes.

Nimm dir Zeit, um sie zu beobachten! Du kannst genau die Stellen erkennen, wo ihre Füße das Wasser berühren. Diese Punkte sehen wie winzige Schneeschuhe aus und rühren von den Dellen her, die die Läufer mit ihren Füßen in die Wasseroberfläche drücken.

Bei Gefahr huscht ein Wasserläufer so schnell übers Wasser, daß du gar nicht merkst, wohin er verschwunden ist. Er ist ein Insekt und besitzt deshalb sechs Beine. Jedes Beinpaar ist von den anderen unabhängig, und das aus besonderem Grund. Mit jedem Paar kann er eigenständige, von den anderen Paaren unabhängige Bewegungen ausführen.

Das mittlere Paar dient ihm als *Paddel*. Damit rudert er übers Wasser. Für ein nur zwei Zentimeter großes Insekt sind diese beiden Beine mit außergewöhnlich kräftigen Muskeln ausgerüstet. Mit ihnen kann er springen, falls ein Frosch versuchen sollte, ihn zu schnappen. Das hintere Beinpaar benutzt er als *Steuer* und lenkt sich damit in die gewünschte Richtung.

Hast du schon bemerkt, wie kurz die Vorderbeine sind? Er gebraucht sie hauptsächlich dazu, Nahrung zum Mund zu führen und sich auf dem Wasser im Gleichgewicht zu halten. Am Ende der beiden Vorderfüße besitzt er zwei kleine scharfe Krallen. Mit Hilfe dieser Haken fängt er seine Nahrung.

Blitzschnell greift er nach einer Mücke, die ins Wasser gefallen ist, führt sie zum Mund und bohrt mit seinem Rüssel ein Loch in das Insekt und pumpt einen Verdauungssaft hinein. Der Saft löst die festen Innereien in Flüssigkeit auf, und der Wasserläufer saugt mit ein und demselben Rüssel die Mücke aus. Auf diese Weise frühstückt er.

An seinen empfindlichen Härchen an den beiden Vorderbeinen spürt er, wenn sich das Wasser bewegt. Diese Bewegungen sagen ihm, daß er nicht allein ist. Vielleicht ist es ein Rückenschwimmer, eine andere Wasserwanzenart, aber meistens ist es nur ein anderer Wasserläufer.

Beachte einmal, wie der Wasserläufer kleine kreisförmige Wellen macht, während er hin und her läuft! Andere Wasserläufer in der Nähe spüren diese Erregungen des Wassers an ihren empfindlichen Härchen. Diese kleinen Borsten sind wichtig. Sie schützen die Füße des Wasserläufers vor Nässe, denn sie sind wasserabstoßend. Eine Drüse in den Beinen fettet sie ständig neu ein.

Ein Wasserläufer verbringt die meiste Zeit auf dem Wasser. Wären seine Haare wie Menschenhaare beschaffen, dann würden sie sich mit Wasser vollsaugen, und der Wasserläufer würde sinken. Wasserabweisende Haare bedecken auch den Bauch des Wasserläufers. Dadurch steigt er nach dem Tauchen immer wieder leicht an die Oberfläche.

Der Wasserläufer kann auf dem Wasser laufen, ohne zu sinken, weil er von der Oberflächenspannung des Wassers getragen wird. Durch die Oberflächenspannung gleicht die oberste Schicht des Wassers einer Gummihaut, die gleichsam auf der Wasseroberfläche liegt. Diese Erscheinung hängt mit einem Naturgesetz zusammen. Ein Beispiel soll das deutlich machen.

Nimm einen Spiegel, und lasse bei Regen einige Wassertropfen darauf fallen! Du bemerkst, daß das Wasser sich nicht als dünner Film über die ganze Fläche verteilt, sondern kleine runde Punkte bildet. Diese Tropfen entstehen, weil die Wassermoleküle an der Wasseroberfläche aufgrund einer bestimmten Gesetzmäßigkeit fest zusammenhalten. Deswegen ist ein Regentropfen auch immer rund. Auch die Moleküle des Wassers im Bach sind bestrebt, fest zusammenzubleiben, besonders an der Oberfläche. An der Stelle, wo die Wassermoleküle mit der Luft in Berührung kommen, bildet sich so eine dünne „Haut", die gerade stark genug ist, um einen Wasserläufer sicher zu tragen. Unter der dünnen „Haut" des Wasserspiegels gibt es allerdings keine Oberflächenspannung. Würde ein Wasserläufer die „Haut" verletzen, dann müßte er im Wasser versinken. Aber der Wasserläufer ist ein Leichtgewicht und macht nur kleine Dellen in die Oberfläche; die Oberflächenspannung hält ihn über Wasser.

Es gibt im Wasser allerdings ein kleines Insekt, das kennt einen Trick, wie es den Wasserläufer versenken kann. Wenn der Wasserläufer diesen Käfer verfolgt, dann spritzt der eine besondere Flüssigkeit ins Wasser, die die Oberflächenspannung zerstört. Der Wasserläufer tritt ahnungslos in die Falle und versinkt plötzlich im Wasser. Aber er kommt schnell wieder an die Oberfläche. Noch zwei- oder dreimal versucht er, den kleinen Käfer zu erhaschen, doch jedesmal „fällt" der Wasserläufer ins Wasser. Dann gibt er auf und schwimmt zu einer Stelle, wo ihn die Oberflächenspannung noch trägt. Ob er seine Lektion wohl gelernt hat?

Versuch: Du brauchst eine Tasse Wasser, eine Gabel, eine Nähnadel und einige Tropfen Geschirrspülmittel. Achte darauf, daß Nadel und Gabel trocken sind! Lege die Nadel quer auf die Gabel und lasse sie so vorsichtig und flach wie möglich auf die Wasseroberfläche rollen! Vielleicht mußt du den Versuch mehrmals wiederholen, bis er klappt. Falls die Nadel versinkt, mußt du sie wieder trocken reiben. Wenn du denkst, daß die Nadel schwimmt, dann zieh die Gabel vorsichtig zurück und nimm sie aus der Tasse. Die Nadel schwimmt jetzt auf der Oberflächenspannung.

Tropfe nun etwas Geschirrspülmittel ins Wasser! Was geschieht? Wie beeinflußt das Spülmittel die Nadel? Erkläre, was wirklich geschehen ist!

11.
Die Schlange mit dem Thermometer

Eine Klapperschlange kann die Temperatur genauer messen als das modernste Thermometer. Sie empfindet schon einen Wechsel von nur 0,002 Grad, also von einem zweitausendstel Grad. Die meisten Menschen dagegen nehmen nicht einmal einen Unterschied von einem Grad wahr, geschweige wenn es sich um Unterschiede von nur Bruchteilen eines Grades handelt.

Die Klapperschlange vermag die Wärme, die eine Menschenhand ausstrahlt, bis auf 30 Zentimeter Entfernung zu spüren. Warum reagiert diese Schlange, die zur Gattung der Grubenottern gehört, so empfindlich auf Wärme, daß sie sogar noch die Spur eines kleinen Tierchens durchs Gestrüpp verfolgen kann, selbst dann, wenn das Tier schon außer Sichtweite ist?

Die Antwort liegt in den beiden kleinen drei mal sechs Millimeter messenden Grübchen. Diese wärmeempfindlichen Organe befinden sich zwischen den Nasenlöchern und den Augen der Schlange.

Todesauge, wie wir unsere Klapperschlange nennen wollen, gleitet nach Einbruch der Dunkelheit aus ihrer Höhle und züngelt mit ihrer gabelförmigen Zunge die warme Nachtluft. Eine freundliche Brise weht den Geruch einer Maus, die auf einer Wiese nach Fressen sucht, zu Todesauge herüber. Wenn die Schlange die Zunge in den Mund zurückzieht, übermitteln die Geschmacksknospen ihrer Zunge dem Gehirn die Nachricht, daß es in der Nähe etwas zu fressen gibt.

Zusammengerollt lauert Todesauge in der stockfinsteren Nacht. Sie dreht ihren Kopf hin und her, bis ihre wärmeempfindlichen Gruben eine starke Wärmestrahlung wahrnehmen. Die Klapperschlange hat jetzt die Witterung der kleinen Maus aufgenommen, und zwar durch die Wärme, die von der Fußspur des Mäusleins ausstrahlt. Im Angriffsbereich schwingt die Schlange ihren Kopf hin und her und schätzt durch Strahlenmessung die Größe der Maus. Das Gehirn der Schlange verarbeitet blitzschnell diese Daten und sagt ihr, wie weit das Nagetier von ihr entfernt ist. Sobald sie die geeignete Entfernung erreicht hat, stößt die Schlange zu. Todesauge ist sehr beweglich, denn ihr Rückgrat ist aus über 200 Wirbeln zusammengesetzt. Sie kann sich dadurch winden und wenden und einen plötzlichen Todesstreich ausführen.

Weißt du, woher die Klapperschlange ihre wärmeempfindlichen Gruben hat? Warum kann ihr Gehirn die Daten entschlüsseln, die ihr die Gruben übermitteln?

Im Oberkiefer der Klapperschlange sitzen — nach hinten zurückgelegt und so beim Schlingen nicht hinderlich —zwei große Röhrengiftzähne samt dazugehöriger Giftdrüse. In Angriffsstellung öffnet Todesauge ihr Maul weit, und die Zähne richten sich zum Biß auf. Gleichzeitig drücken ihre Kopfmuskeln das tödliche Gift in den Zahn und pumpen es in das Opfer der Schlange.

Dr. Noble vom Amerikanischen Naturkundemuseum hat sich viele Jahre mit der Erforschung der Klapperschlange befaßt. Durch einen Versuch entdeckte er die wärmeempfindlichen Gruben der Schlange. Er überklebte die Augen der Schlange mit Heftpflaster, damit sie nicht mehr sehen konnte. Würde die Schlange ihr Opfer bei einem Angriff trotz verbundener Augen noch schnappen können? Sie war ja jetzt blind!

Als nächstes befestigte Dr. Noble eine elektrische Glühbirne über dem Kopf der Schlange und — schnapp, die Klapperschlange hatte zugestoßen. Ihre wärmeempfindlichen Gruben hatten die ausgestrahlte Wärme der Lampe wahrgenommen und die Schlange zuschlagen lassen.

Danach überklebte Dr. Noble die linke Grube und hielt die Lampe darüber. Er achtete darauf, daß keine Wärme auf die unbedeckte rechte Grube strahlte. Die Schlange regte sich nicht. Als er die Lampe über die unbedeckte Grube hielt, stieß die Schlange wieder zu und traf genau ins Ziel. Dr. Noble hatte damit bewiesen, daß eine Klapperschlange ihr Opfer nicht unbedingt sehen muß, um es zu fassen.

Ihre Gruben sind als kleine ausgezeichnete Thermometer ausgebildet, und ihr Gehirn errechnet den genauen Abstand zwischen ihr und der Beute. Wenn die rechte Seite stärkere Wärmeausstrahlung fühlt, schwingt die Schlange beim Zustoßen mehr nach rechts und trifft somit genau ins Ziel.

Das erklärt auch, warum die Klapperschlange gerade in der Nacht ein solch erfolgreicher Jäger ist. Natürlich helfen ihre Augen ihr, sich bei Tag und Nacht zurechtzufinden, aber sie ist nicht auf die Augen angewiesen, um Nahrung zu finden. Sie gebraucht dabei ihre wärmeempfindlichen Gruben.

Woher hat die Schlange ihre hochentwickelte Meßeinrichtung? Nur zufällig? Manche Menschen nehmen an, die Klapperschlange habe ihre Meßgruben im Verlauf von mehreren Millionen Jahren langsam entwickelt. Muß man dem zustimmen? Wir wollen überlegen, ob es nicht auch anders gewesen sein kann.

Manche modernen Flugabwehrraketen besitzen eine ähnliche Wärmemeßeinrichtung wie die Klapperschlange. Die aus der Flugzeugturbine ausstrahlende Hitze wird von

der Rakete nach ihrem Start wie von einem Magneten angezogen. Durch ihre elektronischen Vorrichtungen nimmt sie die heiße Spur des Flugzeuges auf, verfolgt und zerstört es schließlich.

Die Wärmegruben der Klapperschlange haben eine ähnliche Aufgabe wie die elektronischen Meßgeräte der Rakete. Wer hat wohl von wem etwas gelernt? Wer ist klüger: der moderne, geschulte Techniker oder die Natur?

Behaupten nicht viele Leute, daß der Mensch die höchste Form des Lebens ist und ganz oben auf der Leiter der Lebewesen steht? Der erfindungsreiche Mensch hat eine Flugabwehrrakete entwickelt, indem er die Spürorgane einer Klapperschlange nachahmte. Trotzdem behaupten weiterhin viele Menschen, daß die Klapperschlange erst nach Millionen Jahren die Fähigkeiten erworben habe, die wir an ihr kennengelernt haben. Diese Fähigkeiten sollen ihr zuteil geworden sein ohne einen Planer, einen Schöpfer, einen Gott, obwohl die Klapperschlange selbst modernsten Raketen überlegen ist?

12.
Der Schlangentöter

Der Indische Mungo gehört zu den ungewöhnlichsten Tieren der Welt. Der kleine zottige „Schlangenbekämpfer" sieht einem großen braunen Wiesel sehr ähnlich. Blitzschnell schnappt er nach dem Kopf einer giftigen Kobra. Seinem Angriff mit einer geschickten Bewegung ausweichend, stürzt sich die Kobra auf den Mungo, schlägt ihre Fänge in sein Genick und pumpt ihr tödliches Gift in seinen Körper. Doch wider alles Erwarten gelingt es dem Mungo, die Schlange abzuschütteln und wie ein Blitz seine nadelspitzen Fangzähne in den Kopf der Kobra zu bohren. Die Schlange windet sich verzweifelt, während der Mungo an ihr nagt. Der Mungo tut sich am frischen Kobrafleisch gütlich und frißt den Kopf der Schlange zuallererst; der Rest folgt später nach.

Der zufällige Beobachter dieses Kampfes wartet jetzt gespannt darauf, welche Auswirkungen das Schlangengift auf den Mungo haben wird. Verwundert muß er zusehen, wie der Mungo munter davonspringt, so, als sei nichts geschehen. Warum stirbt der zottige Kämpfer nicht? Die Kobra hatte ihm doch ihr lähmendes Gift eingespritzt, und der Mungo hatte sogar ihren Kopf samt der Giftdrüse verschlungen! Aber der Mungo wird höchstens ein wenig schläfrig, je nachdem, wie immun er schon durch frühere Kobrabisse geworden ist; aber sterben, nein, das tut er nicht.

Doch ab und zu stirbt ein Mungo, weil die mitgefressenen

spitzen Giftzähne seine Magenwände durchbohrt haben und eine tödliche Überdosis bewirkten.

Früher nahm man an, daß Mungos durch die Bisse der Kobra nach und nach gegen ihr Gift immun werden. Schlangenkenner haben aber herausgefunden, daß Mungos schon von Geburt an Antikörper gegen Kobragift im Blut und im zentralen Nervensystem besitzen.

Tierforscher berichten, daß selbst junge Mungos durch die Bisse einer Kobra keinen Schaden erleiden. Weil sie noch niemals von einer Kobra gebissen worden waren, hatten sie natürlich auch noch keine Abwehrkräfte entwickeln können. Trotzdem blieben sie unversehrt. Die Forscher haben weiter beobachten können, wie die einschläfernde Wirkung des Kobragiftes bei den Mungos immer mehr abnahm.

Die Widerstandskräfte gegen das Gift der Kobra müssen also von Anfang an im Körper der Mungos vorhanden gewesen sein, denn sonst hätte der erste Biß sie unverzüglich getötet. Wenn Mungos von einer Kobra gebissen werden, dann vermischen sich die Abwehrkörper ihres Blutes mit dem Gift der Schlange und berauben es seiner tödlichen Wirkung.

Könnten die Mungos einem Menschen, der von einer Kobra gebissen wurde, nicht nützlich werden? Ist es möglich, einem Mungo, der gegen das Kobragift unempfindlich ist, etwas Blut zu entnehmen, mittels einer Zentrifuge die Widerstandskörper herauszulösen und damit das Opfer eines Schlangenbisses zu impfen? Es ist zweifelhaft, ob dies zum Erfolg führt, denn Kobragift lähmt nicht nur das menschliche Herz, sondern zerstört das zentrale Nervensystem.

Neben seiner Unempfindlichkeit zeichnet den Mungo ein tief verwurzelter Haß gegen alle Schlangen aus. Kürzlich hat man mit jungen und von Menschen aufgezogenen Mungos Versuche gemacht. Diese Mungos hatten noch nie eine Schlange gesehen. Die Mungos wurden mit einer künstlichen Schlange, die einer lebenden täuschend ähnlich sah, zusammengebracht. Sofort stürzte sich ein junger Mungo auf die Gummischlange, schlug seine Zähne in ihr Genick und

sprang danach blitzschnell zur Seite, als wollte er dem Angriff der Schlange ausweichen. Mehrmals wiederholte der junge Mungo seine Attacken, bis er sicher war, daß die Schlange für ihn keine Bedrohung bedeutete. Er überzeugte die Beobachter durch sein Verhalten, daß ein Mungo schon mit diesem Wissen über Schlangen geboren wird.

Natürlich werden die Abwehrkräfte gegen Kobragift und der Haß auf alle Schlangen von den Mungos von einer Generation auf die andere vererbt. Die Mungos haben ihre Widerstandsfähigkeit gegen Kobras aber nicht erst zufällig im Verlauf von vielen Jahrtausenden erworben. Nein! Dieser „eingebaute Schutz" gegen ihren natürlichen Feind — die Kobras — ist ihnen von Anbeginn an zu eigen, denn sonst wären die Mungos schon längst durch die Kobra ausgerottet.

So ist also auch der Mungo ein Zeugnis von Gottes Schöpferweisheit und ein Beweis für sein Wirken in der Welt. Warum sprechen manche Menschen so ungern von der Schöpfung, wenn sie die Natur meinen? Wenn die Natur von Gott geschaffen ist, dann sind wir Menschen diesem Schöpfer auch dafür verantwortlich, was wir mit und aus seiner Natur machen. Vielleicht möchten sich viele um diese Verantwortung drücken!

13.
Der Senkrechtstarter

Hast du schon einmal einen Kolibri gesehen? Es ist schon beeindruckend, wie schnell dieses kleine Vögelchen durch die Lüfte schwirrt, urplötzlich seine Geschwindigkeit verlangsamt und dann, auf der Stelle schwebend, ein Schnäbelchen Zuckersaft aus einer Blüte nascht. Wir wollen uns diesen winzigen Flugkünstler einmal genauer anschauen.

Der buntgefiederte Kolibri fliegt von Süd nach Nord, vom flachen Land in die Berge, indem er der Blüte der Blumen folgt. Wir wollen ihn Rubin nennen, weil Rot seine Lieblingsfarbe ist. Wir merken das daran, daß er seinen Nektar am liebsten aus rotblühenden Blumen schleckt.

Rubin hat einen gewaltigen Appetit. Täglich hält er bis zu fünfzig Mahlzeiten. Seine Nahrung setzt sich aus Nektar und Insekten zusammen, die er in den Blüten findet oder im Flug aus der Luft fängt. Rubin verbraucht eine unglaubliche Menge Kraft beim Fliegen, besonders wenn er auf der Stelle schwebt.

Es ist keineswegs ungewöhnlich, daß sein Herz, wenn er naschend über einer Blume schwirrt, bis zu zehnmal in der Sekunde schlägt. Rubins Herz ist groß; sein Gewicht beträgt ein Fünftel seines gesamten Körpergewichts. Der Nektar der Blumen versorgt es mit ausreichend Kraft, genauso wie wir durch einen Löffel Honig für den ganzen Tag gestärkt werden.

Das Gehirn des Kolibris steuert die Bewegungen seiner Flügelmuskeln. Es wird, ebenso wie das Herz, durch Blütennektar mit der nötigen Energie versorgt.

Der Kolibri ist ein Schwerarbeiter unter den bekannten Vogelarten. Seine häufigen Mahlzeiten halten ihn dabei über Wasser. Wenn ein 78 Kilogramm schwerer Mann so schwer wie ein Kolibri arbeiten würde, dann müßte er täglich 250 Pfund Fleisch oder 310 Pfund Kartoffeln essen, und das nur, um am Leben zu bleiben! Das sind gewaltige Mengen, und wir können uns kaum vorstellen, wie wuchtig ein Mann aussehen würde, der solche Mengen Essen verschlingt. Das Blut würde in unseren Adern zu kochen beginnen, wenn wir beim Essen mit dem Kolibri Schritt halten wollten.

Die meisten von uns wissen, daß ein Kolibri auf der Stelle schwirren und vorwärts fliegen kann; aber nur wenigen ist bekannt, daß er auch im Rückwärtsgang zu fliegen vermag. Er fliegt eine Blüte an, nippt schwirrend etwas Nektar und fliegt plötzlich — ohne zu wenden — ein Stück rückwärts. Ist das nicht zweckmäßig? Dann schaltet Rubin den Vorwärtsgang ein und schwirrt davon, bis er unseren Blicken entschwunden ist. Er fliegt schnell und kann, wenn er will, bis zu hundert Stundenkilometer erreichen. Wie kann ein winziger Vogel solche gewaltigen Leistungen vollbringen?

Während der Kolibri von einer Blüte zur anderen fliegt, arbeiten seine Flügel für ihn. Seine Flügelmuskeln beanspruchen übrigens zwei Drittel seines gesamten Körpergewichts. Um seinen Vorwärtsflug abzubremsen, verstellt Rubin seine Flügel und erzeugt dadurch einen Strömungswiderstand wie die Klappen eines Flugzeugflügels. Gleichzeitig schlägt Rubin seine Flügel in umgekehrter Richtung und verringert dadurch seine Geschwindigkeit.

Achte beim Lesen des folgenden Abschnittes einmal darauf, mit welchen praktischen Eigenschaften unser kleiner Flugkünstler ausgestattet ist! Beim Vorwärtsflug sind die Flügel des buntgefiederten Kolibris leicht rückwärts — zum Körper hin — gestellt wie die Flügel der meisten Vögel. Wenn er rückwärts fliegen möchte, dann stellt er seine Schwingen einfach nach vorn um, schlägt sie, und schon ist er verschwunden.

Die Augen des Kolibris stehen ein wenig aus seinem Kopf hervor. Dadurch kann er einen größeren Bereich im Flug überschauen. Eine Zwischenstellung seiner Flügel, genau in der Mitte zwischen „Vorwärtsgang" und „Rückwärtsgang", gibt ihm die Möglichkeit, auf der Stelle zu schwirren. Die Schubkräfte für Vorwärtsflug und Rückwärtsflug heben sich in dieser Position gegenseitig auf. Durch diese kleine Veränderung seiner Flügelstellung schwebt Rubin bewegungslos in der Luft, wobei seine Flügel rund fünfzigmal in der Sekunde schlagen. Dies erklärt auch, warum er so viel Kraft verbraucht.

Was meinst du, ob der kleine Kolibri seine besonderen Flugeigenschaften einfach durch Zufall erworben hat oder ob er mit diesen besonderen Fähigkeiten geschaffen wurde?

Du hast bestimmt bemerkt, daß Rubins Flügel ungewöhnlich sind. Sie besitzen keine Gelenke wie die Flügel der meisten Vögel. Der Kolibri schlägt mit seinen Flügeln so, wie wir unsere Arme bewegen würden, wenn wir keine Ellbogengelenke besäßen und sie aus dem Schultergelenk heraus bewegen müßten. Diese Besonderheit erklärt, warum Rubin seine Flügel verstellen kann, je nachdem, ob er vorwärts oder rückwärts fliegen möchte. Dieser Vogel ist ein gutes Beispiel für ein wohldurchdachtes Fluggerät.

Wenn Rubin wie ein Hubschrauber senkrecht in die Luft steigen möchte, dann bringt er seine Flügel einfach in die Mittelposition. Nach Erreichen der gewünschten Höhe stellt er seine Flügel nach hinten und fliegt vorwärts.

Es ist erstaunlich, wie sehr der bunte Kolibri einem modernen Hubschrauber gleicht. Doch Vorsicht! Was war zuerst da? Der erste Hubschrauber mit einem Rotor wurde erst in den dreißiger Jahren des 20. Jahrhunderts von dem ideenreichen russischen Ingenieur Igor Sikorskij (1889—1972)

entwickelt. Wir wissen aber, daß es schon viel früher Kolibris gab, Jahrtausende früher vielleicht. Weil es den Kolibri zuerst gab und seine Flugleistungen mit denen eines modernen Hubschraubers vergleichbar sind — sie sogar übertreffen —, ist es deshalb nicht selbstverständlich, daß es einen Schöpfer geben muß? Der Schöpfer des Kolibri ist Gott, der die Welt geschaffen hat.

14.
Der Meisterangler

In 2000 Meter Tiefe, tief, tief unten im Ozean, in der ewigen Nacht, wartet ein großer Fisch auf seine Mahlzeit. Sein Maul ist weit geöffnet, und die langen, spitzen Zähne sind bereit, sich in irgendein Wassertier zu bohren, das ihm zufällig zu nahe gekommen ist.

Wir sind dem Tiefsee-Anglerfisch begegnet, einem höchst ungewöhnlichen Unterwasserwunder. Der Anglerfisch hat seinen Namen erhalten wegen der 15 Zentimeter langen Angel, die er auf seinem Kopf trägt. Statt Haken und Wurm besitzt diese „Angel" am Ende der Leine ein kleines orangefarbenes Licht. Dieses Licht zieht in der Umgebung kleine Fische und andere Wassertierchen an. Der Schöpfer hat fast jedem Lebewesen in dieser lichtlosen Umgebung eine Leuchte gegeben. Dadurch erkennen sie sich gegenseitig, und es hilft ihnen bei der Nahrungssuche.

Wenn ein kleiner hungriger Fisch das orangefarbene Lichtlein im Wasser flimmern sieht, dann denkt er, daß es sich um ein winziges Lebewesen handelt, das ihm eine schmackhafte Mahlzeit bereiten könnte. Er schnappt nach dem Licht, aber verfehlt es. Das kleine Licht scheint ihm davonzuschwimmen. Mit ein paar Flossenschlägen schwimmt der kleine Fisch auf das Licht zu. Schnapp und Schmatz! Lange, nadelspitze Zähne bohren sich wie Dolche in den kleinen Fisch. Der Tiefsee-Anglerfisch hat seine Mittagsmahlzeit verspeist. Seine „Angel" mit der Laterne hat wieder einmal gute Dienste getan.

Tiefseeforscher haben Anglerfische gefangen und sie gründlich untersucht. Die Haut des Tiefsee-Anglerfischs ist rauh und schwarz. Er trägt auf seinem Kopf — unmittelbar über der Oberlippe — eine 15 Zentimeter lange Angel. Diesen „Köder" kann er vor dem Maul hin und her bewegen und dadurch Beutetiere anlocken.

Wenn ein kleiner Fisch auf diesen organge leuchtenden Köder angesprochen hat, dann zieht ihn der Anglerfisch näher an sein Maul. Wegen der Finsternis in dieser Tiefe kann der kleine Fisch nichts sehen und erkennt nicht, in welcher Gefahr er sich befindet. Ahnungslos folgt er dem Licht in die gefährliche Nähe des Mauls des Anglerfischs. Der macht plötzlich einen Satz, und der kleine Fisch ist verspeist. Wenn der Anglerfisch seine Angel nicht gebraucht, zieht er sie ein und verstaut sie in einer Falte seines Kopfes.

Die Laterne des Anglerfischs „verbrennt" Sauerstoff. Batterien kann er nicht gebrauchen. Er besitzt auch keine Glühlämpchen, sondern einen Leuchtstoff, der Licht ausstrahlt, sobald er mit Sauerstoff in Verbindung kommt. Der Anglerfisch „zündet" seine Laterne an, indem Blut in die Angel fließt. Das Blut ist mit Sauerstoff angereichert. Der Tiefsee-Anglerfisch erhält seine Sauerstoffzufuhr aus dem Wasser mit Hilfe seiner Kiemen. Wenn der Blutsauerstoff mit dem Leuchtstoff im Ende der Angel in Berührung kommt, dann beginnt sie zu leuchten. Glühwürmchen haben einen ähnlichen Leuchtstoff an ihrem Hinterleib.

Ein weiblicher Anglerfisch ist ganz anders gebaut als ein männlicher. Das Männchen ist ohne Angel und Leuchtorgan. Wenn es das erste Mal seiner Frau begegnet, mißt es nur etwas über einen Zentimeter. Das Weibchen ist dann ungefähr 90 Zentimeter lang.

Bei der ersten Begegnung schwimmt das Männchen nah an das Weibchen heran und bohrt seine spitzen Zähne in ihren Körper. Von nun an wird es seine Frau nie mehr loslassen, und ihr macht das auch gar nichts aus.

Schon bald beginnen ihre Haut und Blutgefäße zusammenzuwachsen. Das Männchen lebt jetzt von seiner Frau. Der männliche Anglerfisch ist ein Schmarotzer. Beide haben sich für ein Leben verbunden. Das Männchen wird nicht größer als zwölf Zentimeter werden. Wenn es sich nicht auf diese Weise mit dem Weibchen verbinden würde, dann könnten sie sich nicht fortpflanzen. Beide würden in der Dunkelheit einander nicht wiederfinden, und der Tiefsee-Anglerfisch müßte aussterben. Ist es nicht großartig, wie Gott der Schöpfer für ihre Erhaltung sorgt?

Nach der Vereinigung mit seinem Partner legt das Weibchen befruchtete Eier, die im Verlauf der Reifung immer weiter an die Meeresoberfläche schwimmen. Die jungen Anglerfische sind nur drei Millimeter lang und leben an der Wasseroberfläche des Ozeans, wo sie sich von kleinen Meerestierchen ernähren.

Die kleinen Fische schweben an der Oberfläche, weil eine dünne Schicht gallertartiger Masse unter ihrer Haut ihnen Auftrieb gibt. Diese Schicht wird langsam immer dünner, während die Fische wachsen. Gleichzeitig beginnen sie, in die Tiefe zu sinken. Tiefer und tiefer sinken sie hinab, bis auf rund 2000 Meter unter dem Meeresspiegel, dort, wo immer Nacht herrscht.

Ein Fisch wie beispielsweise eine Forelle oder ein Karpfen könnte in dieser Tiefe nicht mehr leben. Ihre mit Luft gefüllte Schwimmblase würde wegen des starken Drucks

platzen. Das Gewicht der Luft, die uns von allen Seiten umgibt, drückt auf jeden Körper unter ihr, wie das Gewicht des Wassers im Meer auch auf jedem Körper lastet. Dieses Gewicht der Luft oder ihr Druck beträgt rund ein Kilogramm je Quadratzentimeter auf dem Meeresspiegel.

Alle 10 Meter, die ein Fisch tiefer im Wasser schwimmt, erhöht sich der Druck um ein Kilogramm je Quadratzentimeter. In 2000 Meter Tiefe lastet also ein Gewicht oder Druck von 200 Kilogramm auf jedem Quadratzentimeter eines Fisches.

In dieser Tiefe müßte jeder Fisch mit einer Schwimmblase sofort sterben, denn dieser gewaltige Druck würde die Blase zersprengen. Deswegen hat Gott der Schöpfer den Tiefsee-Anglerfisch ohne Schwimmblase geschaffen. In seinem Körper befindet sich kein Luftsack, der platzen könnte, und darum kann der Anglerfisch selbst in 2000 Meter Tiefe bequem leben.

Warum können Menschen nicht in dieser Tiefe schwimmen?

15.
Seepocken

Stell dir vor, eine Eichel sei durch eine zweieinhalb Zentimeter lange Schnur mit einer dicken Eiche verbunden. Nun würde sich die Eichel plötzlich öffnen, und 24 schmale, lange Arme kämen heraus und schnappten sich etwas Nahrung, die sie in die Eichel hineinzögen. Dann würde sie sich wieder schließen.

Diese Beschreibung paßt genau auf die Seepocken, die aber nicht auf Bäumen, sondern in den Meeren und Ozeanen

leben. Diese kleinen Tierchen in ihren Kalkgehäusen können nicht schwimmen. Ihr „Stamm" klebt ein Leben lang fest an einem Schiffsrumpf, an der Oberfläche von Felsen oder Hafenbauten. Oft finden wir Seepocken auch an der Haut von Walen oder auf dem Schild riesiger Meeresschildkröten.

Wenn eine Seepocke noch ganz jung ist, dann entscheidet sie, wo sie den Rest ihres Lebens verbringen möchte — vielleicht auf dem Rücken einer großen Schildkröte.

Und jetzt achten wir einmal darauf, wie sie sich dort festheftet: Erinnerst du dich an die kräftige Schnur? An deren Ende sitzt der Kopf unserer Seepocke. Aber ihr Mund befindet sich ganz woanders.

Sie scheidet einen zementartigen Stoff ab, der den Körper weitgehend einhüllt. Dieser Zement gehört zu den stärksten Klebstoffen der Welt, und er heftet sogar nasse Teile zusammen.

Hast du schon einmal versucht, mit gewöhnlichem Kleber zwei nasse Gegenstände zu verkitten? Natürlich hat das nicht geklappt. Der Superkleber der Seepocke leimt aber sogar unter Wasser, und zwar ausgezeichnet. Er wird so hart, daß die Seepocke für den Rest ihres Lebens an dem Schild der Schildkröte angeklebt bleibt, vielleicht für drei Jahre.

Der Kleber, den eine Seepocke ausscheidet, übertrifft weit die meisten Klebstoffe, die von Menschen künstlich hergestellt werden. Ist dieses kleine und sonderbare Lebewesen nicht auch ein Zeugnis von Gottes wunderbarer Schöpfung?

Seepocken heften sich gerne an den Rumpf eines Schiffs. Wenn sich aber Millionen dieser winzigen Wasserlebewesen

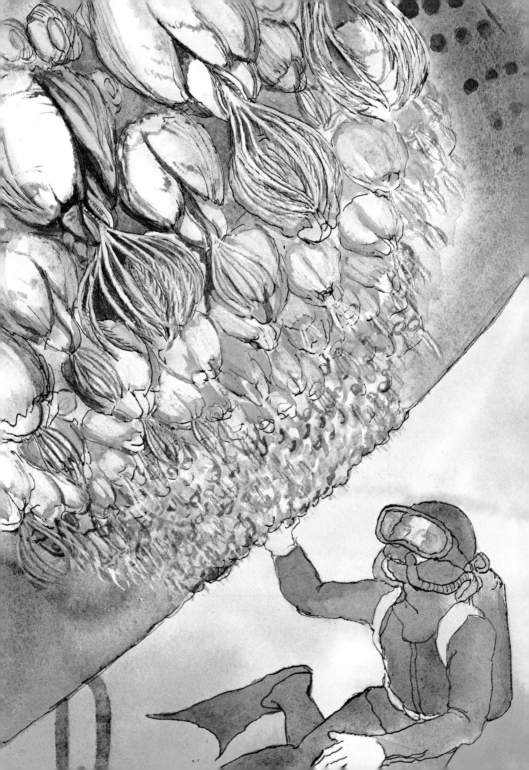

dort festgesetzt haben, dann kann das Schiff nicht mehr mit Höchstgeschwindigkeit fahren. Die Reibung an seiner Oberfläche ist durch die Seepocken zu stark geworden, so daß das Schiff nicht mehr flott durchs Wasser gleiten kann. Das Schiff muß einen Hafen ansteuern, und Arbeiter müssen die Seepocken mit Schabern und eisernen Rechen abkratzen. Sie erfahren dabei, wie gut der Zement der Seepocken klebt.

Die alten phönizischen Seeleute versuchten schon zu verhindern, daß Seepocken sich an den Schiffsplanken festsetzten. Sie bestrichen dazu den Schiffsrumpf mit Teer. Trotzdem fanden die kleinen Tierchen schnell heraus, wie sie sich dort anheften konnten. Ihr Superklebstoff versagte nicht.

Wie ernähren sich die Seepocken, da sie doch für Lebzeiten an einem Ort festhaften? Die großen Schiffe, Wale und Seeschildkröten, an die sie sich angeklebt haben, durchschwimmen das Wasser, das mit winzigen Nahrungsteilchen dicht bevölkert ist. Die Seepocken kommen auf diese Weise einfach zu einer guten Mahlzeit. Falls sie sich an einem Felsen oder Hafengebäude befestigt haben, tragen ihnen die Flut und die Meeresströmungen täglich frisches Essen herbei.

Die Seepocken können die Nahrungsteilchen riechen, die um sie herumschwimmen. Sie öffnen ihre hübschen, weißen Kalkgehäuse, stülpen die 24 langen, schlanken Arme heraus und strudeln damit Nahrungsteilchen herbei. Wenn sie ein Stück Nahrung geschnappt haben, halten sie es fest und ziehen es schnell ins Gehäuse. Sofort schnappt das Kalkgehäuse wieder zu. Mit ihren Armen führen die Seepocken ihr Essen zum Mund, und der Schmaus kann beginnen. Seepocken brauchen sich ihr Essen niemals zu besorgen, es kommt immer von selbst zu ihnen.

Eines Tages werden Seepocken keine anderen Wassertierchen mehr verzehren. Tiere werden anderen Tieren nicht mehr schaden. Das wird in der Bibel (Jesaja 11) verheißen. In Gottes neuer Welt wird Frieden unter den Geschöpfen herrschen, und Gott selbst wird bei den Menschen wohnen.

Einige Seepocken setzen sich an großen Felsen in Küstennähe fest. Bei Flut sind diese Felsen mit Wasser bedeckt, aber bei Ebbe liegen sie frei, und die Seepocken werden sichtbar. Sie müssen im Wasser leben, oder sie sterben. Was geschieht mit den Seepocken, wenn Ebbe ist? Auch für diesen Fall hat Gott vorgesorgt.

Bei Eintritt der Ebbe füllen die Seepocken ihr Kalkgehäuse mit Seewasser, und ein Muskel zieht anschließend beide Gehäusehälften so fest zusammen, daß das Gehäuse wasserdicht wird. Mit Hilfe ihrer Kiemen atmen sie den Sauerstoff des Wassers und bleiben so am Leben. Auch die Sonne kann sie nicht austrocknen. Eine wunderbare Einrichtung, nicht wahr!

Beobachtung: Beim nächsten Urlaub an der See wirst du bestimmt einmal am Strand spazieren gehen. Die See hat vielleicht ein altes Brett oder einen Holzstamm an Land gespült. Wende das Holzstück um, und möglicherweise findest du einige Seepocken anhaften. Sie leben, und du darfst sie nicht verletzen. Untersuche ihre Gehäuse! Suche den Platz, wo sie sich am Brett angeklebt haben! Wirf das Brett anschließend wieder ins Wasser, damit die Flut es in die See zurücktragen kann!

Best. Nr. 36 301
Bob Devine
Gottes wunderbare Welt
Kinderbuch,
8 ganzseitige Farbbilder
48 Seiten, DM 5,80

In diesem Band werden weitere spannende Vorgänge aus der Natur geschildert. Der Verfasser berichtet beispielsweise davon, daß 160 000 Honigbienen zusammen einen Weg zurücklegen müssen, der dreimal um die Erde führen würde, um ein Pfund Honig zu sammeln. Weiter erzählt er vom Maulwurf, von der Waldohreule, dem Regenwurm und dem Specht. Er schildert, warum sich das Laub im Herbst bunt färbt, wie der Tau entsteht und welche Voraussetzungen gegeben sein müssen, damit es schneien kann.
Wer das vorliegende Buch kennt, sollte auch „Gottes wunderbare Welt" lesen.

Zu beziehen durch jede Buchhandlung